Lehrer SEIN dagegen sehr

12 Lektionen auf dem Weg zum erfolgreichen LehrerSEIN

von Peggy Polt

novum
VERLAG

Bibliographische Information der Deutschen Nationalbibliothek:
Die Deutsche Nationalbibliothek verzeichnet diese Publikation in der Deutschen Nationalbibliographie. Detaillierte bibliographische Daten sind im Internet über http://www.d-nb.de abrufbar.
ISBN-10 3-902514-61-2
ISBN-13 978-3-902514-61-5

Lektorat: Mag. Gerald Lind
Printed in the European Union

Gedruckt auf umweltfreundlichem, chlor- und säurefrei gebleichtem Papier.

www.novumverlag.at www.novumverlag.de

Inhaltsverzeichnis

Vorwort

„Lehrer werden ist nicht schwer, Lehrer SEIN dagegen sehr!"

Sie suchen das Patentrezept, das den so genannten guten Lehrer ausmacht? Dann legen Sie dieses Buch zur Seite. Es kann Ihnen nicht weiterhelfen. Oder suchen Sie eines der vielen gescheiten Bücher über Pädagogik und Unterricht? Dann ist dieses Buch auch nicht das Richtige für Sie.

Dieses Buch ist der Versuch, die Lektionen, die mich die Praxis gelehrt hat, in Worte zu fassen. Trotzdem wird dieses Buch Ihnen Ihre ganz persönlichen Lektionen nicht ersparen können. Es gibt nämlich kein Patentrezept für erfolgreiches Lehren und Lernen. Zu unterschiedlich sind die Konstellationen, auf die wir im Unterricht treffen. Was heute für den einen Schüler richtig ist, kann schon morgen für ebendiesen Schüler wieder falsch sein. So kann Ihnen niemand Ihre eigenen Erfahrungen ersparen. – Und glauben Sie mir, die eigenen Erfahrungen sind die wichtigsten im Leben.

„Was kann also dieses Buch?", werden Sie sich jetzt fragen.

Nun, zunächst einmal sollten Sie sich, wo dies möglich ist, über meine Lektionen amüsieren. Denn Schadenfreude ist doch die reinste Freude! Frei nach dem Motto: Gott sei Dank, das ist mir noch nicht passiert. In meinem Unterricht brauche ich das nicht, es geht mir gut. Andererseits kann dieses Buch tröstlich sein: Schau her, andere müssen auch immer wieder etwas lernen. Du bist nicht allein.

Und letztlich können Sie vielleicht die eine oder andere Anregung für sich mitnehmen – und ausprobieren. Vielleicht gelingt es Ihnen das eine oder andere umzusetzen. Vielleicht haben Sie eigene neue Erkenntnisse. Damit ist ein wesentliches Ziel dieses Buches angesprochen: Es möchte nämlich Bewusstsein erzeugen. Bewusste Auseinandersetzung mit dem Lehren und Lernen, indem die eigene Arbeit bewusst reflektiert wird – und dadurch natürlich verändert und verbessert. Manche gescheite Leute sagen dazu auch Selbstevaluation. Sie meinen, Sie brauchen das nicht, denn Sie hätten die Lizenz zum Lehren ohnedies in der Tasche? Nun, dann werden Sie Ihre Lektionen eben in der Klasse bekommen, ob Sie wollen oder nicht. Denn der Lehrberuf bedeutet nun einmal die Auseinandersetzung mit Kindern und Jugendlichen. Und dazu bedarf es starker Persönlichkeiten, die bereit sind, an sich selbst zu arbeiten und sich selbst weiterzuentwickeln. Denn wie heißt es so schön: „Wer glaubt, etwas zu sein, hat aufgehört, etwas zu werden.“ (Philip Rosenthal, 1916–2001)

In diesem Sinne wünsche ich Ihnen einen frohen Einstieg in neue Dimensionen Ihrer Arbeit und Ihres beruflichen Werdeganges.

Zur Schreibweise personenbezogener Bezeichnungen:
Eigentlich müsste es heißen: „Lehrer**In** sein dagegen sehr“ – die Lesbarkeit des Textes würde jedoch leiden. Ich bitte um das Verständnis aller **Leserinnen**.

Kapitel 1

Sie sind der Chef!

Entweder Sie sind in dieser Situation oder Sie waren es, wenn Sie schon länger Lehrer sind: Absolvent einer Pädagogischen Akademie (Hochschule) oder Universität und als solcher frisch gebackener österreichischer Junglehrer autorisiert, der Schuljugend zu zeigen, wo's lang geht. Natürlich sind oder waren Sie mehr oder weniger voll gestopft mit Wissen zu Ihrem Fach und zur Pädagogik. Man mag über diese Ausbildungswege geteilter Meinung sein, sicher ist, dass Sie als Newcomer so gut wie nichts wissen vom Lehren – in der Praxis, versteht sich. Das zu lesen, empört Sie, denn Sie haben ja schließlich und endlich Ihr Lehramtszeugnis in der Tasche. Nun, ich war genauso empört wie Sie – damals, am Beginn meiner Lehrtätigkeit, und dennoch, es stimmt in gewisser Weise.

Denn überlegen Sie einmal. Sie haben Unterricht beigewohnt, Sie haben – unter Laborbedingungen wohlgemerkt – stunden-, tage- oder wochenweise eine oder mehrere Schulklassen unterrichtet. Egal, das alles geschah unter Aufsicht und unter der Autorität eines anwesenden Klassen- oder Fachlehrers, der eigentlich in dieser Zeit verantwortlich war. Denken Sie an Ihre ersten Fahrstunden im Auto, als Sie für die Führerscheinprüfung übten! Hätten Sie damals gewagt zu behaupten: Ich kann Auto fahren!? Natürlich nicht, denn die Tatsache, dass der Fahrlehrer seine Füße jederzeit auf das Bremspedal setzen kann, hat Sie erst ermuntert, auf das Gas zu steigen. Sehen Sie, ähnlich ist es mit uns allen gewesen, als wir unter Aufsicht unsere ersten pädagogischen Schritte unternommen haben. Wir hatten jederzeit die Sicherheit, wir sind nicht alleine, wir können Fehler machen – und jemand hilft uns. Das ermöglichte erst unser Lehren Lernen.

Aber nun ist alles anders, nun stehen Sie allein in der Klasse, niemand hilft Ihnen, wenn Sie Fehler machen, diese auszubessern. Manche Fehler sind so schlimm, dass Sie lange daran zu kiefeln haben werden. Andere Fehler hätten Sie am liebsten gar nie gemacht. Und ein Schuljahr ist lang – und Kinder vergessen bekanntlich sehr schlecht oder gar nicht. Sie meinen, das stimme nicht? Dann ersuche ich Sie, denken Sie wieder ans Autofahren, an Ihre erste Ausfahrt mit dem rosa Schein in der Tasche, als Sie Ihr neues Vehikel vom Autoplatz abholten und sich in den Fließverkehr einordneten, oder an Ihren ersten alleinigen Spurwechsel bei 60 km/h und vier befahrenen Straßenspuren. Können Sie sich erinnern? Spüren Sie, wie Sie je nach Temperament zu zittern, schwitzen oder zaudern begonnen haben? Dann wissen Sie, wie es Ihnen geht, wenn Sie erstmals im Schulalltag einer ausgelassenen Gruppe von gleichaltrigen Jugendlichen gegenüber stehen und trotz Ihrer eigenen Jugend zeigen sollen, dass Sie diese etwas lehren können. Das dürfte allerdings wirklich nicht möglich sein, denn lehren heißt unterweisen, darin steckt unverkennbar das Wort „weise" – und ich bitte Sie, wer ist denn bei uns schon weise!? Also, ich kenne ganz wenige Menschen, auf die dieses Wort zutreffen könnte, also geben wir diesen Anspruch doch auf. Es fällt uns sicherlich ein großer Brocken Last von der Seele, wenn wir von Anfang an erkennen, dass es diesen übergroßen Anspruch nicht zu erfüllen gilt. Denn dann können Sie an die Sache „Unterrichten“ schon wesentlich gelassener herangehen. Wir unterrichten einfach und schauen, was dabei herauskommt. Das klingt doch viel lebensnäher und echter. Warum, darauf möchte ich im nächsten Kapitel genauer eingehen. In der Situation des Beginns hilft diese Einstellung einfach einmal, in der Klasse zu überleben. Denn worum es am Beginn geht, ist letztlich nichts anderes als die Frage: Wer macht was, weil wer es will? Und da gibt es nur zwei Möglichkeiten. Entweder machen die Schüler das, was Sie wollen, dass sie tun. Oder Sie machen das, was die Schüler wollen, dass Sie tun. Das ist Ihre Entscheidung, die Sie sehr bewusst treffen sollten. Ich nehme an, dass Sie sich für Variante 1 entscheiden werden. Ansonsten ist es sicherlich besser, Sie suchen sich einen anderen Beruf. Denn letztlich sind Sie der Chef in der Klasse und müssen es auch bleiben, bei aller Liebe und Freundschaft.

Ich weiß, es klingt banal, dass diese Entscheidung getroffen werden soll. Aber ich glaube, dass hierin ein Dilemma vieler junger Lehrkräfte liegt, nämlich in der Tatsache, dass sie sich noch nicht in der Rolle des Lehrers, des Chefs, des Regisseurs der Stunde, des Schauspielers sehen. Sie sind gedanklich noch in der Rolle des Schülers – und das ist das Problem. Natürlich wird so mancher jetzt protestieren und sagen, ich möchte Schule eben anders gestalten, ich möchte partnerschaftlich sein, freundlich etc., alles das, was viele meiner eigenen Lehrer nicht waren.

Nun, alles schön und gut, aber wie wollen Sie bitte etwas verändern, wenn Sie nicht die Regie übernehmen wollen, wenn Sie nicht bereit sind, Führung zu übernehmen und dabei natürlich auch Verantwortung für das, was Sie mit den Schülern tun? Stellen Sie sich vor, Sie gehen ins Theater und erwarten einen amüsanten und zum Nachdenken anregenden Theaterabend. Und was passiert? Die Schauspieler und der Regisseur setzen sich zu Ihnen ins Publikum und sagen: „So, jetzt schauen wir uns einmal gemeinsam an, was passiert!" Na was glauben Sie, was passiert? Die Antwort überlasse ich Ihrer Fantasie. Aber Ähnliches passiert immer wieder in unseren Schulklassen.

Die erste Lektion lautet daher:

Setzen Sie sich mit Ihrer neuen Rolle als Unterrichtender, als Lehrer bewusst auseinander. Erkennen Sie, dass Sie nun eine neue Rolle auf der „anderen Seite" eingenommen haben und nehmen Sie diese Rolle für sich an, stehen Sie dazu. Sehen Sie Ihre neue Rolle positiv als „Führungskraft". Denken Sie dabei an die Wirtschaft. Jeder Manager, jeder Abteilungsleiter, jeder Generaldirektor ist eine Führungskraft. Ich habe noch keinen Manager erlebt, der diese Tatsache negativ gesehen hätte. Gestehen Sie sich auch als junger Lehrer zu, eine Führungspersönlichkeit zu sein. Sonst hätten Sie doch diesen Beruf gar nicht ergriffen. Halten Sie sich diese Tatsache immer wieder vor Augen – und geben Sie fürs Erste nur diesen Anspruch auf, etwas „Weltbewegendes" in der Schule verändern zu wollen. Heben Sie sich die Illusionen einfach für ein bisschen später auf, Sie werden diese später besser gebrauchen können. Gewinnen Sie anfangs ein wenig Routine, und wenn Sie beginnen, diese Routine als nervtötend zu empfinden, dann beginnen Sie, alles auf den Kopf zu stellen. Jetzt wäre dies verfrüht, jetzt geht es schlicht darum, dass Sie der Chef sind.

Die folgenden Leitsätze können Sie unterstützen:

- **Ich übernehme Führung und tue dies in liebevoller Weise.**
- **Ich bin der Chef in der Klasse.**
- **Ich bin eine positive Leitfigur für meine Schüler.**
- **Ich übernehme Verantwortung für meinen Unterricht.**

Kapitel 2

Glauben Sie nicht, dass Sie Schülern etwas beibringen können!

Schon die Überschrift dieses Kapitels fordere zum Widerspruch heraus, meinen Sie? Wozu sind Sie dann Lehrer geworden, wenn dieser Satz richtig wäre? Da könnte man die Schulen ja gleich abschaffen!

Ich meine dennoch, dass es sich um den größten Irrglauben eines ganzen Berufsstandes handelt, zu glauben, jemandem etwas beibringen zu können. Oft meinen Lehrer, wenn Sie eine Unterrichtsstunde lang selbst sehr aktiv vorgetragen haben, die Klasse in stiller Ehrfurcht – scheinbar – lauschend, sie hätten den Schülern besonders viel beigebracht. Was ist aber in Wirklichkeit geschehen? Als objektiver Betrachter könnte man sagen, der Lehrer hat einen ausgezeichneten Vortrag zum Thema XY gehalten. Die Klasse war ruhig. Das sagt noch nichts darüber aus, was die Schüler tatsächlich gemacht haben. Hier hilft Ihnen doch sicherlich die Erinnerung an die eigene Schulzeit ein wenig. Tatsächlich hat ja der eine oder andere, der sich für Gegenstand und Kapitel XY interessiert, aufmerksam zugehört. So manch anderer wird jedoch seinen stillen Träumen nachgehangen sein, an ein verlorenes Fußballmatch, an den neuen feschen Schüler in der Parallelklasse, an die Einladung zur Geburtstagsparty am nächsten Samstag oder auch nur an die Mathematikformeln für die Schularbeit in der nachfolgenden Stunde gedacht haben. Alles das hinter aufmerksam dreinschauenden, nachsichtig lächelnden Gesichtern, die Ihnen den Eindruck vermitteln sollen, man sei ja ganz Ohr. Tja, was haben diese Schüler also in dieser Stunde tatsächlich gelernt? Gar nicht so wenig. Sie wissen nämlich, wie man sich perfekt benimmt, damit man nicht auffällt und dennoch das macht, was einem unter den gegebenen Umständen als richtig erscheint. Nun, der im Geist Formeln wiederholende Schüler hat sogar gelernt, Prioritäten zu setzen, denn die Formeln sind für ihn im Moment sicher überlebenswichtiger als das noch so interessante Kapitel XY, das ihn nur vom Wesentlichen ablenken würde! Hört man Lehrern genau zu, dann sagen sie selbst bereits die ganze Wahrheit über solche und ähnliche Unterrichtsstunden, ohne sich allerdings dabei die Wahrheit einzugestehen. Sie sagen nämlich mit stolz geschwellter Brust: Heute habe ich in der 4B in einer Stunde das ganze Kapitel XY durchgenommen! Allerdings liegt die Betonung auf Kapitel XY und auf in EINER STUNDE! Richtiger und ehrlicher wäre gewesen zu sagen: Heute habe ICH in einer Stunde das gesamte Kapitel XY durchgenommen. Sie könnten ihn dann fragen: Und was haben in der ganzen Stunde Ihre SCHÜLER gemacht? Das würde ihn vielleicht auf den richtigen Weg bringen – bei schweren Fällen natürlich nicht, wie die Realität zeigt. Nun sollen Sie nicht glauben, ich wäre ein Gegner des so genannten Frontalunterrichts. Ich werde an anderer Stelle noch das Gegenteil beweisen, aber ich meine, dass bei dieser Art des Unterrichts der Selbstbetrug des Lehrers unter dem Deckmantel einer guten Disziplin sehr lange und sehr gut aufrechterhalten werden kann, während bei anderen Formen des Unterrichts wie zum Beispiel Projektunterricht schneller und klarer zu Tage tritt, was eigentlich die Schüler selbst tun. Sie wissen ja als gut ausgebildeter Lehrer oder fachlich interessierter Leser, dass die Selbsttätigkeit des Schülers immer wieder auf die Fahnen moderner Pädagogik geheftet wird und dass, wie das obige Beispiel zeigt, oft zu Recht der Frontalunterricht aus diesem Grunde verteufelt wird.

Ich behaupte allerdings, dass auch im so genannten Projektunterricht, auch in Phasen des „freien Lernens“, wie es so schön heißt, wo also der Lehrer zum Helfer beim Lernen wird, der gleiche Irrglaube der Lehrer vorherrscht, Schülern auf diese Weise eben besser Sachverhalte vermitteln zu können. Hier werden ähnliche Kapriolen geschlagen, Lehrer bereiten sich oft stundenlang auf eine einzige Unterrichtseinheit vor, um allen möglichen Fragestellungen und Problemen gewachsen zu sein, damit sie ihren Schülern eben möglichst viel zum Thema XY vermitteln – wie sie jetzt sagen – können. Meist verlässt dieser über die Maßen engagierte Lehrer erschöpft und ausgelaugt seine Unterrichtsstunde und ist in der Nachbereitung oft frustriert, weil dieses oder jenes Angebot, das er gegeben hat, bei den Schülern nicht angekommen ist. Nun, was ist hier in Wirklichkeit passiert? Der Lehrer war ein aktiver Unterrichtsorganisator, einige interessierte Schüler haben viele Angebote angenommen und sich selbstständig zum Thema XY informiert. Andere haben Schreibarbeiten übernommen, manche haben scheinbar nichts getan oder die Situation genützt, um über private Dinge zu plaudern, manche nützten auch hier die Zeit, um für eine Schularbeit zu lernen etc.

Was haben die Schüler in dieser Einheit also gelernt? Ich denke, auch sie haben eine Menge gelernt, wenn auch nicht immer das, was den Intentionen des Lehrers entsprach.

Sie sehen also, es ist ganz egal, welche Methode Sie wählen, der Effekt ist in etwa der gleiche.

Was also können oder sollen Sie tun, wenn Sie weiter unterrichten wollen, ohne zu resignieren, weil Sie Schülern in Wirklichkeit doch nicht das beibringen können, was Sie sollten?

Erstens: Verabschieden Sie sich von dieser Vorstellung, dass das, was Sie im Unterricht tun, Ihre Schüler bereits können, begreifen oder sogar anwenden können. Zweitens: Gehen Sie auf die momentane Situation Ihrer Schüler und einer Klasse ein. Es ist ein weiterer Irrglaube, eine Klasse, die in der nachfolgenden Stunde eine Mathematikschularbeit schreiben soll, nach allen Regeln pädagogischer Kunst für Geschichte oder Biologie interessieren zu wollen. Berechtigterweise wird diesen Schülern der 30-jährige Krieg oder das menschliche Gebiss mehr als egal sein. Seien Sie also in diese Richtung sensibel und machen Sie gegebenenfalls einen Deal: Eine halbe Stunde Aufmerksamkeit für Ihr Fach, dafür eine halbe geschenkte Einheit zum Üben, Entspannen, Plaudern – vor dieser Arbeit. Davon werden alle, auch Sie, profitieren.

Akzeptieren Sie vor allem auch Probleme einzelner Schüler, die in dieser Stunde eben keine Konzentration für Ihr Fach aufbringen können, stillschweigend oder auch offen, je nach Situation, und zwingen Sie sie nicht trotz privater Schwierigkeiten oder Bauchweh zur Mitarbeit. Denken Sie daran, wie es Ihnen in solchen Situationen ergeht, und seien Sie großzügig. Die Schüler werden es Ihnen danken. Seien Sie genauso sensibel und wachsam, wenn Schüler diese Ihre Großzügigkeit lediglich aus Bequemlichkeit ausnützen wollen. Machen Sie gegebenenfalls klar, dass auch bei Nichtinteresse manches eben zu lernen sei.

Geben Sie sich und Ihren Schülern genügend Zeit und Raum für Wiederholung, Übung und wenn möglich Anwendung von Gehörtem, Gelesenem, Gelerntem. Erst dann wird wirklich gelernt. Beziehen Sie Interessen Ihrer Schüler in den Unterricht mit ein, wo immer es passt und möglich ist, zum Beispiel mit Referaten. Ich selbst habe meine Schüler in solchen Fällen immer wieder als Experten erlebt – zum Beispiel für Flugzeugbau, Haustierpflege, Musicals etc. und habe selbst viel dabei gelernt.

Die folgenden Leitsätze können Ihnen helfen, der Realität des Lernens und Lehrens gerechter zu werden und dadurch einen lebhafteren, ehrlicheren und erfolgreicheren Unterricht zu gestalten.

- **Ich kann niemanden etwas lehren, ich kann lediglich helfen, sich selbst zu entdecken.**
- **Ich bin sensibel für die individuelle Lernsituation meiner Klasse und gehe darauf ein.**
- **Ich nehme die Individualität meiner Schüler wahr und gehe auf diese ein.**
- **Ich helfe meinen Schülern beim Lernen.**
- **Übung macht den Meister.**
- **Ich lasse meine Schüler Unterricht mitgestalten.**

Kapitel 3

Haben Sie Spaß an Ihrem Unterricht!

Dies ist zwar eine Aufforderung, der Sie zunächst wahrscheinlich mit Kopfschütteln begegnen werden. Sie meinen nämlich wie viele andere auch und manche Eltern sagen es ihren Kindern leider noch bevor sie in die Schule kommen: „Na warte nur, bis du in die Schule kommst, da beginnt dann der Ernst des Lebens!“ Es ist also kein Wunder, dass Sie den Kopf schütteln, Schule und Spaß haben – das ist in unseren Köpfen immer noch ein Widerspruch. Nun sind Sie ja nicht mehr als Schüler in der Schule, sondern als Lehrer. Noch mehr Grund für uns, den Ernst der Sache in den Vordergrund zu stellen. Die Folge dieses Denkens ist tödliche Langeweile, die Sie genauso wie Ihre Schüler quält. Kennen Sie das: Stunden, die nie enden wollen. Tage, an denen Sie schon nach Ihrer zweiten Unterrichtseinheit müde und ausgelaugt sind und Sie sich bei dem Gedanken an weitere vier oder fünf Unterrichtsstunden fragen, wie Sie das wohl aushalten sollen? Stunden, in denen die Klassen wie zäher Strudelteig sind, den Sie kneten sollen?

Ich persönlich habe solche nie enden wollenden Stunden erlebt, als ich in jungen Jahren nach einer etwas längeren Ballnacht dachte, die Unterrichtsstunden über die Runden zu bringen, in dem ich Schüler möglichst still beschäftige. Ihnen ein Arbeitsblatt nach dem anderen präsentiere. Mit der Folge, dass ich mich so sehr langweilte, dass ich in meinem Zustand der Übermüdung mit dem Schlaf kämpfte. Ich weiß nicht, ob Sie das kennen, das Gefühl, es wären für Sekunden – oder auch länger – die Augen zugefallen gewesen, und jetzt schrecken Sie gerade auf. Bis heute weiß ich nicht, ob meine Schüler meinen Zustand bemerkt haben oder nicht. Wenn ja, haben sie es mich nicht merken lassen. Irgendwie habe ich diesen Vormittag überlebt, aber damals wurde mir klar, dass ich genau das Verkehrte gemacht hatte. Ich durfte meine Schüler nicht still beschäftigen, wenn ich müde war. Ich versuchte es also mit dem Gegenteil, ich aktivierte mich. Selbst wenn das Auge noch so müde war, machte ich Übungen, die mir Spaß bereiteten. Und siehe da, es klappte. Nun konnte ich auch nach durchwachter Nacht erstaunlich produktive Unterrichtseinheiten gestalten, die nicht nur mir, sondern auch den Schülern Spaß machten, und die – und das war die erstaunliche zweite Erkenntnis – ganz einfach munter machten. Ich war wirklich erstaunt, als ich nach einigen diesbezüglichen Versuchen feststellen konnte, dass ich nach längeren lustigen Abenden ebenso anregenden Unterricht abhalten konnte und zu Mittag keineswegs am Zahnfleisch, sondern irgendwie munterer und erfrischt die Schule verließ. Bereit, noch einiges zu unternehmen. Nicht, dass ich mich durch diese Erkenntnis zu einem ausschweifenden Nachtvogel entwickelte. Aber in meinem Unterricht änderte sich doch so manches. Ich versuchte, wann immer es möglich war, mir selbst im Unterricht Aufgaben zu stellen, die mir Spaß bereiteten, die mich forderten und in der Folge anregend auf meine Schüler wirkten. Zum Beispiel hielt ich es immer für mehr als langweilig, im Deutschunterricht vorgefertigte oder von mir vorbereitete Diktattexte zu verwenden, die noch dazu alle zu einem Rechtschreibproblem hingebogen waren.

So kam ich auf die Idee, erst während der Stunde zu Wörtern, die wir geübt hatten, ad-hoc-Sätze zu entwerfen. Dies musste natürlich relativ schnell gehen, und das forderte mich. Ich selbst war gespannt, was mir wohl als Nächstes einfallen würde. Und die Schüler waren es bald auch, denn sie spürten meine eigene positive Erwartung. Später ging ich daran, diese Sätze zu einem Thema zu bilden, das ich mir in der Sekunde ausgedacht hatte. Sie können sich vorstellen, dass einem manchmal auch heiß wurde, wenn plötzlich der Faden riss. Aber es hat mir geholfen, spontan sinnvolle Sätze und kleine Geschichten zu formulieren. Es war für meinen Geist anregend und damit für die Atmosphäre belebend. Am meisten gelangweilt haben mich immer Rechtschreibübungen, wie man sie in unseren Lehrbüchern zuhauf finden kann. Wörter mit Doppel-„ll" zum Beispiel. Es gibt nichts Langweiligeres auf der Welt, und es wundert mich nicht, dass es den Schülern am Ende dieser Stunden noch mehr egal ist, wie man diese Wörter nun wirklich schreibt. Der Erfolg dieser Übungen war oft null. So entwickelte ich ein Rätselspiel, bei dem ich bekannt gab, dass ich Wörter mit „ll" umschreiben werde, die Schüler sollten diese erraten. Dies kann man in verschiedenen Varianten durchspielen. Ich liebte es, diese Umschreibungen spontan zu finden, es regte immer wieder auch meine Fantasie an. Und es machte mir Spaß, wie der Eifer der Schüler stieg, die Wörter richtig zu erraten. Bei schwierigen Wörtern gab ich dann Hilfestellungen und war ehrlich gespannt, wer es diesmal erraten würde. Sie glauben nicht, wie lustig diese Sequenzen waren und sind? Dann probieren Sie es aus. Meine Beispiele sind aus dem Deutschunterricht, aber auch in anderen Fächern lassen sich Rätsel, Ratespiele, Fragespiele, Memoryspiele einbauen. Ihrer Fantasie sind keine Grenzen gesetzt. Wichtig ist nur, dass Sie selbst Spaß an der Sache entwickeln. Ihre Begeisterung pflanzt sich fort, ist ansteckend wie eine Krankheit und trägt die Langeweile und die Müdigkeit fort. Sie alle gehen erfrischt in die Pause. Es sind die Stunden, nach denen die Schüler erstaunt fragen: „Was, die Stunde ist schon aus?" Und Sie fragen sich, warum nicht alle Stunden so sein können. Nun, vielleicht nicht alle, aber es können immer mehr so sein. Sie haben es in der Hand, Sie sind der Chef. Sie sind auch verantwortlich für die Grundstimmung – für Langeweile oder Spaß. Nun meinen Sie, nicht immer könne man Spiele machen? Das mag stimmen, aber es ist nicht die einzige Möglichkeit, um Spaß zu erzeugen. Auch Leistung kann Spaß machen.

Ich erinnere mich an eine Weste, die ich als 14-jährige gestrickt habe. Es war eine von den damals modernen knielangen Jacken, die, mit lauter glatten Maschen und einem Zopfmuster versehen, in endloser Weise niemals fertig zu werden schien. Nun hatte ich den Ehrgeiz entwickelt, sie zu einem bestimmten Zeitpunkt fertig zu stellen. Da begann mein Vater die Zeit zu stoppen, die ich für eine Reihe Maschen benötigte. Auf diese Weise errechneten wir, wie lange ich für die zu strickenden Reihen noch benötigen würde. Nun begann die Sache interessant zu werden, denn nun konnte ich nach weiteren Zeitstopp- und

Rechenexperimenten immer wieder feststellen, ob ich gut im Rennen lag oder ob ich aufholen musste usw. Sie verstehen? Es ist dasselbe, wie wenn Sie auf dem Fahrrad mit oder ohne Tachometer und Gangschaltung dahin radeln. Was ist das Geheimnis? Der Geist wird durch den kleinen Wettkampf angeregt, die Zeit vergeht rasch, die Sache macht Spaß, und im Nu ist man fertig. Diese Methode lässt sich sogar auf die Mathematik anwenden. Aber sicherlich fallen Ihnen noch bessere Spaßmacher ein, wenn Sie erst einmal spielerisch an die Sache herangehen.

Noch eine Möglichkeit sage ich Ihnen. Wie arbeiten Sie, wenn Sie von Ihrem Vorgesetzten gelobt worden sind? Wenn Sie das nicht anspornt, dann lesen Sie nicht weiter. Andernfalls überlegen Sie, wie oft Sie in einer Stunde Ihre Schüler loben. Das kann auch für kleinste Leistungen geschehen oder manchmal eine Vorschusslorbeere sein. Und es kann und soll immer wieder anders geschehen. Ich vergesse nie eine Stunde, in der die Schüler reihum in einer Englisch-Vertretungsstunde je einen Satz eines Lückentextes richtig ergänzt vorlesen sollten. Normalerweise eine stinkfade Angelegenheit, bis ich auf die rettende Idee kam, bei jedem richtig gelösten Beispiel „Bingo“ auszurufen – wohl wieder einmal, um mich instinktiv aus meiner Fadesse zu befreien. Bei fast richtigen Sätzen rief ich: „Half-Bingo“. Am Ende dieser Unterrichtseinheit waren wir alle so erfrischt, und die Schüler hatten so leuchtende Augen, dass ich mich fragte, wieso ich das nicht öfter mache. Ich hatte wieder meine Lektion gelernt.

An diese dritte Lektion erinnern Sie:

- **Ich habe Spaß an meinem Unterricht.**
- **Ich arbeite begeistert und mit Enthusiasmus.**
- **Ich entwickle spontane, kreative Ideen im Unterricht.**
- **Ich nehme spontane Ideen sofort in den Unterricht auf.**
- **Ich fordere von mir, in meinem Unterricht geistig rege zu sein.**
- **Ich baue Spiele in meinen Unterricht ein, sooft es geht.**

Kapitel 4

Der Start ist das halbe Rennen!

Im Sport ist diese Tatsache wohl allgemein bekannt. Viel Trainingszeit wird darauf verwendet, den Startvorgang zu optimieren. Manche behaupten sogar, wer den Start verpatzt, kann ein Rennen – egal in welcher Sportart – nicht mehr gewinnen. In der Formel I gibt es sogar den Kampf um die so genannte Poleposition. Warum wird diese Erkenntnis nicht auch im täglichen Leben und in der Schule umgesetzt? Da wird gerade noch der Geburt eines Menschen außergewöhnliche Bedeutung als Start in sein Leben beigemessen. Aber wie sieht schon das morgendliche Starten aus? Bei Ihnen zum Beispiel? Essen Sie die Marmeladesemmel im Stehen und trinken Sie den Kaffee, wenn Sie unter der Dusche stehen? Sind Sie jeden Morgen entsetzt über die grässliche Person, die Sie aus dem Spiegel anblickt, oder sehen Sie diese Person überhaupt nicht mehr? Hetzen Sie in allerletzter Minute aus dem Haus, nachdem Sie notdürftig Ihre Kinder und den Hund versorgt haben? Dann wird es Zeit, sich Zeit zu nehmen für sich selbst und für einen gelungenen Start in den Tag. Sie meinen jetzt natürlich, ich als Morgenmensch habe leicht reden. Ich darf Ihnen sagen, dass ich sicher der extremste Morgenmuffel bin, den Sie sich denken können. Als Kind musste mich meine Mutter zehn Minuten vor Schulbeginn mit Gewalt aus dem Bett ziehen. Ich hatte zwar nur die Straße zu überqueren, aber glauben Sie mir, eine Rutsche vom Bett in die Schule war lange Zeit mein Kindheitstraum. Heute gönne ich mir am Morgen zumindest eine Stunde, um in aller Ruhe aktiv zu erwachen, mich zu spüren, einige Körperübungen zu machen, zu frühstücken, zu duschen, mich anzukleiden, zu schminken etc. Probieren Sie es aus, Sie fühlen sich täglich wie neu geboren, und das vermitteln Sie, wenn Sie in die Schule und in Ihre Klasse kommen. Der nächste Startaspekt, den ich Ihnen vor Augen halten möchte, ist folgender: Wie betreten Sie als Lehrer Ihre Klasse? In Gedanken bei einem Plausch in der Pause, verärgert über eine Kollegin, die Sie gerade beleidigt hat? Gestresst, weil Sie noch drei Filme herrichten mussten, Gangdienst gehalten, die Toilette aufgesucht und eine Zigarette geraucht haben? Bedenken Sie, dass Sie all diese Gedanken, Stress, Nervosität mit in die Klasse bringen – und wundern Sie sich nicht über Ihre Schüler, die Ihnen das widerspiegeln. Aber das ist eine andere Geschichte, dazu später.

Zunächst zum eigentlichen Stundenbeginn, dem Start in Ihre Geschichte- oder sonstige Stunde. Sie sind also schon in der Klasse. Angenommen Sie sind noch relativ ruhig. Aber wie sieht es hier aus und wie geht es zu? Einige Schüler essen noch, einer huscht noch schnell zur Tür herein, andere lachen, zwei streiten. Einer wirft die Bananenschale quer durch die Klasse, verfehlt natürlich den Mistkübel, die Bananenschale wird zum Stillleben. Von der vorigen Stunde liegen noch Englischsachen auf dem Lehrertisch, die Kollegin ist halt vergesslich. Freilich haben die Schüler die Tafel nicht gelöscht. Einige Zeichenblätter – zum Trocknen am Fensterbrett nach der ersten Stunde aufgelegt und längst trocken – liegen mittlerweile auf dem Boden. Etliche Schüler haben die Geschichtebücher vergessen oder nicht hergerichtet. Und was machen Sie? Stöhnen Sie innerlich über die schlampige Jugend, und beginnen Sie mit einem schlichten „Guten Morgen, setzt euch bitte“ Ihre wohlvorbereitete Unterrichtseinheit? Und ärgern sich eine Stunde lang über die wieder einmal so unkonzentrierte Klasse, die nicht zur Ruhe zu bringen ist? Und werden Sie auch immer gereizter und nervöser, bis irgendwann der Geduldsfaden reißt und Sie einmal ordentlich laut werden? Damit endlich doch ein wenig Ruhe in das Chaos einkehrt?! Dann ist dieses Kapitel wichtig für Sie. Denn niemals würden Sie einem Abfahrtsläufer, der am Start noch nicht beide Skier angeschnallt hat und der noch genüsslich von seiner Banane abbeißt, wenn er in der Startbox steht, auch nur irgendeine Chance geben. Stellen Sie sich vor, einen 60-Meter-Läufer, der sich erst beim Ertönen des Startkommandos die Schuhe zubindet. Oder den Formel-I-Fahrer, der sich 10 Sekunden vor dem Start mit dem Fahrer im Nachbarauto darüber unterhält, was sie am Abend unternehmen werden. Also, den Sieg werden sie nicht feiern, und Sie als Zuschauer würden wahrscheinlich ungläubig schmunzeln. Was halten Sie von einem Skispringer, der vor dem Start noch mal schnell austritt, oder von einem Eisläufer, der beginnt, die Kufen zu schleifen? Aber in Ihrer Klasse da lassen Sie das alles zu und wundern sich über chaotische Stunden. Bedenken Sie, Ihre Stunde ist Ihr Rennen, Sie und Ihre Klasse sind die Teilnehmer. Der Stundenbeginn ist Ihr Start. Nun sagen Sie, das weiß ich ja alles, aber die Schüler machen das nicht. Natürlich nicht, wenn Sie es Ihnen nicht zeigen, Ihnen erklären, Ihnen vormachen. Ich habe von Beginn meiner Tätigkeit immer darauf geschaut, dass alle Schüler am Beginn der Stunde nicht nur körperlich, sondern auch geistig anwesend waren. Das geht recht gut, wenn jeder seinen Platz aufsucht und dort stehen bleibt, bis alles in Ordnung ist.

Ich spreche manche Schüler gezielt darauf an, auch gedanklich da zu sein. Die Kinder verstehen das meist recht schnell, wenn ich bei dieser Gelegenheit mit allen Schülern Augenkontakt aufnehme. Das ist wichtig, denn dann haben Sie allen Schülern die Anerkennung gegeben: Ich weiß, du bist da. Außerdem lasse ich immer – wie mühsam es auch sein mag, aber viel Zeit kostet es nicht – bei oben geschilderten Umständen zunächst alle Schüler die Klasse zusammenräumen. Ich räume auch meinen Lehrertisch auf. Da bin ich sehr genau und sehr streng. Denn vielleicht haben Sie auch schon davon gehört, dass das Chaos auf dem Schreibtisch, im Arbeitsraum das Chaos im Kopf bewirkt. Ich kann mich an einem vollgeräumten Schreibtisch nicht konzentrieren. Sie und Ihre Schüler sicher auch nicht. Wenn diese Übung, bis völlige Ruhe und Stille eingekehrt ist, beendet ist, und Sie eine gute Beziehung zu der Klasse haben, können Sie auch folgende Übung versuchen, die Sie in Ihrer Wirkung sicherlich verblüffen wird. Das geht aber wirklich nur, wenn Sie in Ruhe und die Schüler ernsthaft sind. Bitten Sie Ihre Schüler entspannt zu stehen und nur einen positiven Gedanken zu denken, oder an etwas Schönes zu denken, oder einen Vorsatz für den Tag zu denken, oder einem Freund oder Familienmitglied einen guten Gedanken zu schenken. Tun Sie das in dieser Zeit selbst natürlich auch. Und spüren Sie, was passiert! Sie werden bemerken, dass in diesem Moment die

Sonne aufgeht – manchmal mehr, manchmal weniger. Bedanken Sie sich bei Ihren Schülern für diesen guten Beginn, fordern Sie sie auf sich zu setzen und beginnen Sie mit Ihrem Unterricht. Sie werden staunen, mit welcher Ruhe, welcher positiven Energie und mit welcher Konzentration Sie und Ihre Schüler jetzt bei der Sache sind. Bedenken Sie, dass für eine solche Übung Ihr eigener vorausgegangener Start in den Tag, in die Stunde schon geglückt sein sollte. Denn wenn Sie der Schirennläufer sind, der ohne Stöcke, Ski und Haube, mit der Semmel in der Hand am Start steht, dann kann es sich nur um einen Faschingslauf handeln – Sie sind der Kasperl und Ihre Schüler spielen mit.

Denken Sie daher am Morgen und vor der Stunde immer wieder an diese vierte Lektion:

- **Der Start ist das halbe Rennen.**
- **Ich habe immer mehr Zeit und Energie zur Verfügung, als ich brauche.**
- **Ich gehe gesammelt und ruhig in meine Klasse.**
- **Ich beginne meine Stunde ruhig und gelassen.**
- **Ich schaue auf Ordnung in der Klasse.**
- **Ich freue mich auf meine Schüler und nehme sie an.**
- **Ich beginne den Tag bzw. die Stunde mit einem Lächeln.**

Kapitel 5

Tun Sie, was Sie tun müssen!

Ich erinnere mich noch gut an meine ersten Jahre im Schuldienst und daran, dass ich von Anfang an versucht habe, ein guter Lehrer zu sein. Was bedeutete das damals für mich? Natürlich in erster Linie, dass ich in der Lage war, mir in einer Klasse mit über 30 Schülern Respekt zu verschaffen. Aber ich hatte bald höhere Ansprüche an mich, besonders da ich die älteren Kollegen um mich herum beobachtete, von denen ich bald merkte, dass einige von den Schülern nicht nur respektiert, sondern auch fast schon geliebt wurden. Andere wurden nur respektiert, manche gefürchtet und andere nicht einmal ignoriert. Da hatte ich also meine Vorbilder. Auch ich strebte danach, von meinen Schülern geliebt zu werden. Ich konnte jedoch überhaupt keine Eigenschaft ausmachen, die diesen Zustand hervorrufen könnte.

Auch bemerkte ich doch immer wieder, dass diese Beziehung, die manche Kollegen zu ihren Schülern hatten, mir versagt blieb, sosehr ich mich auch bemühte. Nach etlichen Lehrjahren gab man mir überraschenderweise die Chance, mich als Klassenvorstand zu versuchen. Das war eine Auszeichnung, ich war mir dessen bewusst, und ich war natürlich besonders bemüht, meine Sache gut zu machen. Ich überlegte gemeinschaftsfördernde Maßnahmen, führte kleine Serviceleistungen für die Klasse ein, die den

Schülern den Stundenplan und ihren Anwesenheitsplan – es war eine ganztägige Schulform, an der ich unterrichtete – transparenter machen sollten. Ich war mit Feuereifer bei der Sache. Manchmal gab es Unstimmigkeiten, die ich sofort aus der Welt zu schaffen versuchte, indem ich mit Schülern Gespräche führte. Kurz, ich unternahm alles, um eine perfekte Klasse, eine funktionierende Gemeinschaft zu unterstützen und zu fördern. Und ich hoffte insgeheim, meine Schüler würden mir dies mit Zuneigung danken. Nun, objektiv betrachtet, verliefen die vier Schuljahre recht harmonisch und ohne größere Probleme. Nur das mit der Zuneigung, das spürte ich, das klappte nicht so, wie ich es mir wünschte. Nach wie vor sah ich, dass andere Lehrer mehr Zuneigung empfingen als ich. Das erbitterte mich besonders, als ich zusehen musste, wie eine andere Lehrerin, die in meiner Klasse unterrichtete, ein Geschenk in Empfang nahm, von dem ich mir gewünscht hätte, es zu bekommen. Da dämmerte mir denn doch endlich, dass es mit Perfektion allein unmöglich war, Beziehung zu schaffen. Ich beschloss damals, wahrscheinlich mehr aus Trotz denn aus irgendeiner Überlegung heraus, dass es mir in Hinkunft egal sein müsste, ob meine Schüler mir Zuneigung entgegen brachten oder nicht. Ich reflektierte meine Unterrichtsarbeit und stellte fest, dass sie eigentlich recht gut war. Also beschloss ich, daran einmal nichts zu ändern, sondern auch zu vielleicht unpopulären Maßnahmen, von denen ich überzeugt war, zu stehen. Selbst auf die Gefahr hin, dass ich eben nicht geliebt würde. Ich dachte dabei an den Zahnarzt, der auch manchmal Schmerzen zufügen muss, um einem zu helfen. Der konnte auch nicht nur ein bisschen Karies entfernen, damit es weniger wehtut. Der

Schlüssel zur Beziehung konnte nicht in der Anbiederung an die Wünsche der Schüler liegen, so viel war mir klar. In Hinkunft wollte ich einfach meinen Weg gehen, egal, was andere dazu sagten. So fand ich denn zu größerer Selbstsicherheit im Unterrichten. Nur ab und zu, wenn ich Besuch von manchen Kollegen in der Klasse hatte, die von meinen Methoden nicht so viel hielten, dann spürte ich wieder eine gewisse Unsicherheit und Unbeholfenheit.

Es dauerte noch einige Jahre, bis ich begriff, warum das so war und dass ich auch in solchen Situationen nichts anderes zu tun hatte, als mich nicht von Zweiflern von meinem Weg abbringen zu lassen. Der Besuch des Schulinspektors in einer Unterrichtsstunde ist ein gutes Beispiel für eine solche Situation. Ist es Ihnen auch schon passiert, dass Sie im ersten Moment daran dachten, dass Sie an diesem Tag nicht gut vorbereitet sind, dass Sie nicht mit dem Jahresplan konform gehen, und hofften, dass die Inspektion möglichst bald vorüber sein sollte? Dass Sie plötzlich versuchten, das zu tun, was Sie glaubten, dass der Schulinspektor von Ihnen erwartet? Und dass Sie sich dabei miserabel fühlten und am liebsten vor Scham im Erdboden versunken wären? Nun, Sie sind dabei nicht alleine, vielen von uns ist es sicherlich schon oft so ergangen. Aber es gibt ein Geheimrezept dagegen, das wirkt: Selbstsicherheit. Sie werfen mir jetzt an den Kopf: „Wie soll ich selbstsicher sein angesichts einer unvorbereiteten miesen Unterrichtsstunde?“ Das geht natürlich nicht, wenn Sie nur daran denken, was Sie alles falsch gemacht haben. Denken Sie einfach daran, dass Sie Ihren Unterricht so gestalten, wie Sie es für richtig erachten, egal, ob das dem Schulinspektor passt oder nicht. Denken Sie daran, dass Sie Ihr Bestes geben, dass auch Sie Fehler machen dürfen und dass eine Schwalbe noch keinen Sommer macht. Schließlich unterrichten Sie im Jahr über 1000 Stunden. Da soll es auf diese eine ankommen? Das ist lächerlich. Insgeheim können Sie natürlich die Lehre aus der Geschichte ziehen und sich in Hinkunft besser vorbereiten. Aber in dem Moment, wo die Tür aufgeht, da müssen Sie zu sich stehen. Ich habe einmal als Schüler ein Lehrstück dessen, was einem nicht passieren sollte, erlebt. Eine Lehrkraft änderte ihr Verhalten mit dem Erscheinen des Inspektors uns Schülern gegenüber um 180 Grad. Uns blieb der Mund vor Staunen offen. Damals begriffen wir alle das falsche Spiel. Die Lehrkraft, vor der wir uns so gefürchtet hatten, verlor durch diese Vorstellung ihren Nimbus. Sie fürchtete sich vor dem Inspektor.

Natürlich sage ich damit nicht, dass Sie sich den Schülern gegenüber schlecht verhalten sollen, das nehme ich von vorneherein gar nicht an. Was ich sagen will ist, ich habe irgendwann begriffen, dass ich in der Klasse, in meinem Unterricht ich selbst sein muss, dass ich echt sein muss. Dann kann ich vor den Schülern, vor Kollegen, vor Kritikern oder vor meinen Vorgesetzten bestehen. Wichtig ist nur, dass mir die Meinung der anderen gleichgültig ist. Jetzt sagen Sie vielleicht, das sei ja Ignoranz. Nun, ich meine das nicht so, dass ich nicht bereit bin, konstruktive Kritik anzunehmen, aber ich meine damit, dass das Wohlwollen oder die Kritik für mich gleichwertig sind. Es berührt mich nicht. Und was soll ich Ihnen sagen, es gibt einen angenehmen Nebeneffekt. Wenn Sie so arbeiten, fühlen Sie plötzlich, dass Ihnen die Schüler, manchmal auch Kollegen oder Vorgesetzte, Wertschätzung entgegenbringen. Sie schätzen das, was Sie tun, weil Sie selbst das schätzen, was Sie tun! Als ich das zu spüren begann, wusste ich auch, dass es das war, was ich am Beginn als von „Schülern geliebt werden“ ausgedrückt hatte. Doch solange ich danach strebte, ohne selbst zu mir und meiner Arbeit zu stehen, war das naturgemäß ein hoffnungsloses Unterfangen gewesen. Heute kann ich darüber schmunzeln, aber es hat fast eineinhalb Jahrzehnte gedauert, bis sich diese Erkenntnis in meinem Hirn verdichtete.

Ich hoffe, Ihnen gelingt es schneller, diese Lektion zu lernen. Die folgenden Sätze sollen Ihnen dabei helfen.

- **Ich stehe zu mir und zu meinem Unterricht.**
- **Ich bin gut vorbereitet und gebe mein Bestes.**
- **Ich nehme mich und meine Arbeit an.**
- **Ich leiste gute Arbeit.**
- **Ich bin ein gewissenhafter und guter Lehrer.**
- **Ich unterrichte gerne und gut.**

Kapitel 6

Sie unterrichten Menschen, nicht Fächer!

Erlauben Sie mir am Beginn dieses Kapitels eine Frage: Warum sind Sie Lehrer geworden beziehungsweise warum wollen Sie Lehrer werden? Sie müssen diese Frage nicht gleich beantworten, aber stellen Sie sich diese Frage irgendwann in einer ruhigen Minute – und seien Sie ehrlich zu sich selbst, wenn Sie sich eine Antwort geben. War oder ist es Ihr Fachgebiet, das Ihnen so wichtig erscheint, dass Sie es anderen vermitteln wollen? Ist es die Aussicht auf lange Ferien, die Sie in den Lehrberuf trieb oder treibt? Oder wollten Sie nur möglichst schnell zu einer Berufsausbildung kommen? Haben Sie eine andere angestrebte Ausbildung abgebrochen und ist der Lehrberuf Ihre zweite Wahl? Oder wollten Sie einfach mit Kindern zu tun haben? Vielleicht wollten Sie ja auch die Schule reformieren, die Sie als Schüler erlebt haben. Haben Sie jetzt ein schlechtes Gewissen, weil Ihre Antwort nicht dem berufenen Lehrer entspricht? Dann möchte ich Sie beruhigen. Es gibt viele gute und weniger gute Gründe, warum der eine oder der andere diesen oder jenen Beruf ergreift. Es mag auch unter den Lehrern von Anfang an Berufene geben. Aber für Ihre Berufsausübung ist es letztlich egal, aus welchem Grund Sie Lehrer geworden sind. Wichtig ist nur, was Sie daraus gemacht haben oder was Sie daraus machen werden. Es gibt Leute, die trauern ein Leben lang verloren geglaubten Möglichkeiten nach, sie werden den Platz, an dem sie arbeiten, nie völlig einnehmen und ausfüllen können. Denn sie wollen in Wirklichkeit etwas anderes sein. Es gibt aber genauso viele Menschen, die nicht erfüllte Wünsche abhaken, die Ärmel aufkrempeln und die Dinge tun, die auf der Tagesordnung stehen. Wenn Sie mit dieser Einstellung Lehrer sind, werden Sie Ihre Sache gut machen. Seien Sie also bei der Beantwortung dieser Frage ehrlich und gehen Sie richtig mit dieser ehrlichen Antwort um. Haken Sie sie ab und sagen Sie sich, dass Sie nun einmal die Ihnen gestellte Aufgabe bestmöglich erfüllen wollen. Das allein zählt. Diese Einstellung führt zwangsläufig zur Erkenntnis, dass die Kunden, mit denen Sie in diesem Beruf hauptsächlich arbeiten, Ihre Schüler sind. Ihnen wollen Sie etwas verkaufen, zum Beispiel Ihr Fachgebiet. Da wird es wenig nützen, wenn Sie sich mit all Ihrer Begeisterungsfähigkeit nur auf dieses Gebiet stürzen. Natürlich wird das ansteckend wirken, aber nur dann, wenn Sie bereit sind, das Interesse der Schüler zu wecken. Auch beim Verkäufer ist Ihnen als Kunde egal, warum er diesen Beruf ergriffen hat, wichtig für Sie ist, dass er Sie gut bedient. Da wir mit Menschen arbeiten, sollten wir die einfachen Gesetze zwischenmenschlicher Beziehungen beachten, um Erfolg zu haben. Sicherlich haben Sie schon von der sich selbst erfüllenden Prophezeiung gehört. So, wie ich erwarte, dass ein Mensch sich verhält, so verhält er sich. Anders ausgedrückt: Mein Blickwinkel färbt die Wahrnehmung. Sie glauben mir nicht? Nun, Sie haben sich sicherlich schon einmal mit dem Gedanken getragen, einen Neuwagen zu erwerben und begonnen, sich für die

Marke BX zu interessieren. Natürlich in Ihrer Lieblingsfarbe Grün. Und was passierte nach der ersten Besichtigung? Sie wunderten sich plötzlich, wie viele grüne Autos der Marke BX die Straßen bevölkern. Das ist kein Wunder, denn Sie selbst haben den Filter Ihrer Wahrnehmung entsprechend eingestellt. Ich erinnere mich noch gut an den Unterschied meiner Wahrnehmung bei Überlandfahrten vor dem Sommer, in dem ich meinem Landhaus ein neues Dach verpassen ließ, und während und nach diesem Ereignis. Das ging so weit, dass meine Freundin es mit der Angst zu tun bekam, da ich während der Fahrt nur auf die verschiedensten neuen Dächer in der Umgebung wies, die mir vorher nie im Leben aufgefallen wären. Diese sah ich während der Fahrt ganz automatisch. Meine Filter waren entsprechend eingestellt. Nun denken wir mal, was passiert, wenn der Lehrer überzeugt davon ist, dass seine Schüler nichts zu seinem Fach wüssten. Wie diese vorgefasste Meinung seine Wahrnehmungsfilter zum Beispiel bei mündlichen Prüfungen oder Übungen beeinflusst. Oder aber natürlich auch umgekehrt. Sie können bewusst entscheiden, dass Ihre Schüler intelligent, brav und nett sind. Sie zweifeln schon wieder? Dann lassen Sie mich eine kleine Geschichte erzählen.

Es war in der Zeit meiner ersten Klassenvorstandserfahrungen. Ich übernahm diese 1. Klasse und bemerkte trotz meines Eifers bald, dass es einen Schüler gab, der mir absolut unsympathisch war. Ich wusste bereits damals aus Erfahrung, was es hieß, einen Schüler über Jahre zu unterrichten, den man nicht mochte. Zwangsläufig beruhte dies bald auf Gegenseitigkeit, und die Sache wurde erschwert, wenn der Schüler in der Klasse beliebt war. Da konnte es ungemütlich werden. Ich war also ehrlich verzweifelt, denn ich wusste, ich würde vier Jahre lang mit diesem Schüler auskommen müssen. Da begann ich in meiner Verzweiflung, mir jeden Tag am Weg vom Konferenzzimmer in die Klasse – diese lag ein Stockwerk tiefer – vorzusagen: „Der Karli ist ein ganz lieber Bub."

Anfangs konnte ich diesen Satz fast nicht denken, denn ich war ja gegenteiliger Ansicht. Aber ich zwang mich dazu täglich, wann immer ich auf dem Weg in meine Klasse war. Sie erraten schon, was passierte. Wirklich, es dauerte keine vier Wochen, da begann ich den Karli plötzlich weniger unsympathisch zu finden. Und wenig später, da konnte ich ihn richtig gut leiden. Ich sah anstatt seines für mich anfangs mürrischen Gesichts plötzlich den Schalk in seinen Augen. Es dauerte nicht lange, da hatte ich den Karli in mein Herz geschlossen. Heute noch erinnere ich mich an ihn besonders gerne, er war wirklich ein lieber Mensch. Sie werden vielleicht sagen wollen, Sympathie und Antipathie gehören zum Menschsein dazu, und wir Lehrer sind auch nur Menschen. Da gebe ich Ihnen vollinhaltlich Recht, aber bedenken Sie, dass wir die Verantwortung für unseren Unterricht und für unseren bzw. für den Erfolg unserer Schüler tragen bzw. in hohem Maße mittragen.

Jeder kleine Verkäufer muss sich seiner menschlichen Äußerungen der Wut, Abneigung etc. gegenüber seinen Kunden enthalten, wenn er seine Aufgabe erfolgreich erfüllen möchte. Wir Lehrer, deren tägliche Aufgabe es ist, mit jungen Menschen zu arbeiten, die wir sie fördern und fordern sollen, wollen dagegen mit unseren menschlichen Schwächen unbewusst umgehen, auf Kosten der uns anvertrauten Schüler?! Im Gegenteil, wir sollten lernen, professionell zu agieren, indem wir uns unsere eigenen Gefühle und Gedanken bezüglich unserer Schüler bewusst machen und bewusst damit umgehen, damit wir unsere Schüler wirklich bestmöglich fördern können. Bedenken Sie doch, wie Sie sich fühlen, wenn Ihnen jemand wohl wollend begegnet. Wie scheußlich jedoch kann man sich fühlen, wenn jemand schlecht über einen denkt. Das nehmen wir unbewusst alles wahr, wollen es aber oft nicht wahrhaben. „Ich bilde mir das ein", ist oft die verstandesmäßige Erklärung. Ich möchte nicht, dass Sie mir alles glauben, was ich hier schreibe. Ich fordere Sie nur dazu auf. Seien Sie wachsam und versuchen Sie bewusst, mit den Gefühlen der Zuneigung und Ablehnung, mit Urteilen wie intelligent oder nicht intelligent etc. umzugehen. Und beobachten und spüren Sie, was passiert, wenn Sie eine bewusste positive Entscheidung treffen und denken.

Dabei helfen Ihnen die folgenden Sätze:

- **Jeder Mensch ist so einzigartig wie sein Fingerabdruck.**
- **Jeder Mensch ist begabt.**
- **Alle Begabungen sind gut und gleichviel wert.**
- **Jeder Mensch verfügt über seine speziellen Fähigkeiten.**
- **Alle Schüler sind mir gleich lieb und wert.**

- **Ich sehe das Positive an meinen Schülern und nehme es an.**
- **Ich freue mich täglich auf die Arbeit mit meinen Schülern.**

Kapitel 7

Wer will nicht jemand sein?

Können Sie nicht pünktlich zur Schule kommen? Das ist ja schrecklich mit Ihnen, auf Sie ist wirklich kein Verlass! Stellen Sie sich vor, Ihr Vorgesetzter begrüßt Sie auf diese Weise, bevor Sie noch eine Erklärung abgeben können, warum Sie zu spät dran sind. Er lässt Sie nicht zu Wort kommen und schnauzt Sie nur an. Schauen Sie, dass Sie in Ihre Klasse kommen. Sie schnappen zwar noch einmal nach Luft, drehen dann aber ab, um Ihre Klasse aufzusuchen. Wie fühlen Sie sich nach dieser Begrüßung? Geht es Ihnen gut, sind Sie gewillt, Ihren Unterricht freudig und froh abzuhalten? Ganz im Gegenteil? Wütend sind Sie, mürrisch sitzen Sie da und grübeln innerlich, wie Sie sich revanchieren könnten? Da stört ein Schüler durch schlechtes Benehmen. Schnell fahren Sie ihn an: „Kannst du dich wohl leise räuspern, wo hast du denn das gelernt!" Es fällt Ihnen gar nichts auf? Doch? Sehen Sie, Sie sind genauso unfreundlich und kritisch wie Ihr Chef vorhin Ihnen gegenüber. Na ja, in dieser Laune kann man auch nicht unterrichten! Stimmt! Aber wie oft gehen wir als Lehrer mit Kritik achtlos um, werfen Schülern Dinge an den Kopf, was sie zu tun oder zu unterlassen haben. Wie oft äußern wir Befehle und Anweisungen, knapp und schroff. Wie oft tadeln wir Schüler, weil wir mit ihrer Leistung oder ihrem Benehmen nicht zufrieden sind. Und wie oft wundern wir uns dann, dass Schüler untereinander aggressiv auf Nichtigkeiten reagieren. Stellen Sie sich vor, Sie wären nicht nur vom Chef am frühen Morgen zurechtgewiesen worden, sondern auch noch von einem Kollegen spitz auf eine Ungenauigkeit Ihrerseits hingewiesen worden. Und zu guter Letzt hätte Ihnen eine Mutter Vorwürfe gemacht, weil sie findet, dass Sie die Schularbeit ihrer Tochter ungerecht beurteilt haben und Ihnen gleich mit einer Beschwerde gedroht. Wie gereizt hätten Sie reagiert auf den Nächstbesten, der Ihnen schwächer erschien! Oder hätten Sie das alles weggesteckt und mit einem Lächeln Ihren Unterricht aufgenommen? Dass das nicht der Fall gewesen wäre, liegt auf der Hand. Warum aber ist das so und warum gehen wir als Lehrer mit Kritik, Zurechtweisung und Tadel derartig locker um, wenn die Folgen eigentlich fatal sind?

Wenn ich mich in einen Schüler hineinversetze, der in sechs Unterrichtsstunden mit vier Lehrern immer wieder Schwierigkeiten hat, wird mir klar, warum er am Ende aggressiv reagiert. Sie setzen sich vielleicht ins Auto und steigen bei der Ampel aufs Gas, dem haben Sie's jetzt aber gezeigt – und schon fühlen Sie sich etwas besser. Ihre Schüler können das – leider oder Gott sei Dank – noch nicht tun, sie stehen bei der Bushaltestelle und lassen ihre Wut am nächstbesten meist kleineren Schüler aus. Sie meinen, das eine hätte mit dem anderen nichts zu tun? Ich meine schon. Warum das so ist? Nun, dafür gibt es eine recht simple menschliche Erklärung. Jeder Mensch hat gewisse Bedürfnisse, die er befriedigen muss. Denken Sie an die stärksten wie den Trieb zur Nahrungsaufnahme oder den der Sexualität. Es gibt aber ein ebenso starkes Bedürfnis nach Anerkennung, das der Mensch ebenso zu befriedigen trachtet. Beobachten Sie einmal die Menschen Ihrer näheren Umgebung. Sie werden erstaunt und erschüttert sein, was alles der Mensch der Befriedigung dieses Bedürfnisses unterordnet. Wenn Sie einen Menschen daher kritisieren oder tadeln, dann kratzen Sie an seinem Selbstwert. Nicht nur, dass Sie ihm Anerkennung verwehren, Sie zeigen ihm auch noch deutlich, dass Sie ihn gering achten. Das kann fast niemand auf sich sitzen lassen. Natürlich ist es Temperamentsache, wie jemand reagiert, aber betroffen ist jeder. Denken Sie an einen Verkäufer, der Ihnen ein Produkt verkaufen möchte. Wenn er Sie tadelt, dass Ihr Mantel schlecht sitzt und Sie daher möglichst bei ihm einen neuen kaufen sollten, werden Sie sehr schnell verärgert den Laden verlassen. Sollte der Verkäufer jedoch geschickt genug sein, Ihnen zu sagen, wie geschmackvoll doch Ihr Outfit wäre, und dass er dazu gerade einen besonders passenden Mantel auf Lager hätte, wären Sie schon geneigter, seiner Stimme Gehör zu verleihen. Schon fühlen Sie sich angenommen und zappeln an der Angel der Anerkennung. Und wenn Sie wirklich keinen Mantel brauchen und daher auch keinen kaufen, so werden Sie sich beim nächsten Einkauf sicherlich an den aufmerksamen Verkäufer erinnern und vielleicht dann sein Geschäft aufsuchen.

Ich frage Sie also, warum wir in der Schule nicht diese einfache Tatsache anwenden, unsere Schüler loben, ihre Persönlichkeit und ihre Leistungen anerkennen und sie damit zum Lernen anspornen. Schauen Sie sich einmal den Durchschnitt von Schularbeitsnoten in Ihrer oder anderen Klassen an. Finden Sie überdurchschnittlich viele Dreier,

Vierer und Fünfer, aber wenig Einser und Zweier? Tja, die Leistungen waren nicht besser?

Wo steht geschrieben, was Sehr gut, Gut usw. ist? Sind die Grenzen nicht fließend? Haben wir hier nicht viele Gestaltungsmöglichkeiten? Lernt der Schüler lieber, wenn er ein Genügend auf die Schularbeit hat, oder glauben Sie nicht auch, dass eine bessere Note seine Motivation steigern würde? Wie ginge es Ihnen? Tatsache ist, dass Lob der wesentlich größere Ansporn ist, Leistungen zu erbringen. Im Schuldienst gibt es eine schöne Usance, über die viel gelästert wird. Die Tatsache, dass es „Dank- und Anerkennungsschreiben" für besondere Verdienste gibt. Die bringen tatsächlich sonst nichts ein und so mancher äußert sich darüber geringschätzig. Ich habe gesehen, dass sich bis jetzt noch jeder Lehrer darüber gefreut hat, dass seine Leistungen anerkannt wurden. Ich kenne niemanden, der die Annahme dieses Dekretes abgelehnt hätte. Ein Lob kostet genauso viel Mühe wie ein Tadel. Die Wirkung ist jedoch enorm unterschiedlich. Testen Sie selbst. Testen Sie zunächst sich selbst. Wie oft in einer Stunde lobe ich, wie oft tadle ich? Habe ich den Blick vielleicht nur mehr auf Fehler gerichtet? Sehe ich das Positive noch? Überlegen Sie sich kreative Formen des Lobens. Das kann auch ein aufmunternder, anerkennender Blick sein, eine Geste, nicht mehr und nicht weniger. Wenn es Ihnen sehr schwer fällt, etwas Lobenswertes an Ihren Schülern zu finden, dann sollten Sie vielleicht einmal bei sich selbst beginnen. Wie oft sind Sie beispielsweise mit sich und Ihrer Arbeit zufrieden, wie oft loben Sie sich oder belohnen Sie sich? Nie? Dann fangen Sie bitte schleunigst damit an, denn es ist dazu nie zu spät. Man sollte zunächst sich selbst anerkennen, damit man diese Anerkennung auch anderen zollen kann. Sie wehren sich, denn Sie meinen, das sei Manipulation oder Schmeichelei? Natürlich besteht diese Gefahr, wenn Anerkennung nur zweckbedingt und unehrlich ist. Was ich jedoch meine, ist das Streben, jemandem ehrliche Anerkennung zu geben, um ihn zu stärken und in seinem Handeln zu bestärken. Und den Menschen, der so unabhängig von der Anerkennung der anderen ist, den gibt es meines Wissens leider noch nicht. Vielleicht müsste man Erziehung dann insgesamt als Manipulation erkennen. Bevor ich aber philosophisch werde, noch einmal meine Überzeugung: Lob hilft mehr als Tadel und gibt den Schülern das, was auch Sie brauchen: Anerkennung. Diese ehrlich ausgesprochen macht stark und bewirkt positive Motivation. Probieren und fühlen Sie den Unterschied zwischen Lob und Tadel, er macht Sie sicher.

- **Ich anerkenne mich selbst und meine Leistungen.**
- **Ich lobe mich für meine Arbeit.**
- **Ich anerkenne meine Schüler und ihre Leistungen.**
- **Ich sehe von Tag zu Tag mehr Positives an meinen Schülern.**
- **Ich nehme Lob an.**
- **Ich lobe meine Schüler, sooft ich kann.**
- **Ich freue mich über die guten Leistungen meiner Schüler.**

Kapitel 8

Sie sind nicht allein!

Lange Zeit war es selbstverständlich, dass wir Lehrer als Einzelkämpfer agierten. Noch heute tun viele von uns sich schwer, sich in ein Team einzuordnen und zum Beispiel gemeinsam Projekte zu planen oder das heute oft geforderte Teamteaching durchzuführen. Oft kommt dabei nur ein besser organisiertes Einzelkämpfertum heraus. Ich habe mich während meiner Lehrtätigkeit oft gefragt, warum wir mit diesem Problem kämpfen. Es gibt sicherlich eine Reihe von Antworten auf diese Frage. Eine davon liegt wahrscheinlich darin begründet, dass es sich bei Personen, die Lehrer werden, oftmals um Führungspersönlichkeiten handelt, die sich von anderen eben nicht dreinreden lassen wollen. Natürlich mag das auch an der Struktur im Lehrberuf liegen, dass alle Lehrer gleichberechtigt sind und damit die Tatsache, dass einem Teamleader eine übergeordnete Position zuerkannt wird, nur ungern akzeptiert wird. Ich glaube aber, dass der wichtigste Grund für dieses Problem darin zu finden ist, dass wir als Lehrer in unserem Denken viel zu sehr das Bewerten und Beurteilen verinnerlicht haben. Schon für den Normalverbraucher ist es schwierig, Sachverhalte nicht zu beurteilen. Wie schwer muss das dann Menschen fallen, deren Berufsaufgabe zu einem großen Teil auch im Bewerten und Beurteilen liegt? Was meine ich damit: Überlegen Sie, wie Sie reagieren, wenn Sie hören, dass ein guter Bekannter sich beim Bungeejumping schwer verletzt hat. Die meisten Menschen, die ich kenne, würden mit Bewertungen und Beurteilungen seines Verhaltens reagieren, die reichen von „Das hat er jetzt davon“ über „Ich habe seiner Frau gleich gesagt, das ist ein Schwachsinn“ oder „So ein gefährlicher Sport“ bis „Bekommt er wenigstens Schmerzensgeld für diese Dummheit?“ usw. Sie merken schon, was gemeint ist. Wahrscheinlich wird es kaum jemanden geben, der vorurteilsfrei Anteil nimmt bzw. lediglich der Hoffnung Ausdruck verleiht, es möge ihm bald besser gehen.

In der Schule sind wir zwangsläufig ständig damit konfrontiert, das Verhalten und die Leistungen unserer Schüler zu bewerten und zu beurteilen. Überraschenderweise gelingt es uns im Umgang mit den Schülern trotzdem, diesen Zustand so zu gestalten, dass er nicht zum permanenten Albtraum der Schüler wird. Dennoch ist auch im Umgang mit Schülern ein bewusstes Abstandnehmen von dieser Einstellung oft notwendig. Denken Sie nur daran, wie Ihre Leistung leidet, wenn Sie ständig das Gefühl haben, jemand steht hinter Ihnen und bewertet und beurteilt jede Ihrer Handlungen oder Äußerungen. Sie wissen genauso gut wie ich, dass es wichtig ist, Schülern das Gefühl zu geben, sie dürften auch Fehler machen, damit sie wirklich lernen oder sich kreativ entfalten können. Dass dies noch zu wenig oft geschieht, bemerke ich immer wieder, wenn ich erschüttert feststelle, dass Schüler sich in Bildnerischer Erziehung überhaupt nichts zutrauen. „Ich kann nicht zeichnen“ ist ein Satz, den ich in 1. Klassen immer wieder höre, und es dauert lange und bedarf vieler aufmunternder Worte, bis das Selbstvertrauen wieder zurückgewonnen wird. Bis sich Schüler wieder trauen, ihrem Innersten bildnerischen Ausdruck zu verleihen. Viel zu sehr haben sie sich in den ersten Schuljahren durch so genannte schöne Bilder vom eigenen Ausdruckserleben abtrennen lassen. Ich betrachte es fast als Verbrechen an der Kinderseele, wenn kreativer Ausdruck bewertet und beurteilt wird. Auch Aufsätze sind solche kreative Schaffensakte, die oft aus der innersten Erlebniswelt kommen. Sie abzuurteilen ist schlimm. Zum Glück gibt es schon viele Lehrer, die das so sehen und vermeiden.

Da wir Lehrer nun um diese Eigenschaft des Bewertens und Beurteilens sehr genau – zumeist unbewusst – Bescheid wissen, denke ich, haben wir auch große unbewusste Angst selbst bewertet zu werden. Darüber hinaus wollen wir natürlich immer perfekt sein, was die Angst vor Bewertung vergrößert. Wer also könnte uns gefährlicher werden, als diejenigen, die relativ genau über unsere Schwächen Bescheid wissen – unsere eigenen Kollegen also. Und jetzt beginnt das große Abkapseln, das Sich-Verstecken, Sich-Aufplustern, Sich-über-den-Anderen-lustig-machen, ihn lächerlich machen. Nichts geht einfacher als das. Wie zwischen streitbaren Hähnen auf dem Misthaufen eines Bauernhofes steht oft im Kollegium die Frage im Raum: „Wer ist besser, du oder ich?" Natürlich beantwortet jeder die Frage für sich, allerdings um den Preis, dass er von nun an krampfhaft verhindern muss, dass andere Einblick nehmen und ebenfalls bewerten. Natürlich gehört die Rivalität im Tierreich zum Natürlichsten der Welt, in unseren Konferenzzimmern sollten wir ihr jedoch keinen Raum geben. Wie Sie oder wir aus diesem Spiel aussteigen können? Ganz einfach – oder vielleicht ist es doch schwieriger, als man denkt. Indem Sie selbst und ich, wir alle aufhören, ständig uns selbst und andere zu beurteilen, zu bewerten und zu verurteilen. Ich gebe zu, dazu gehört eine gute Portion Selbstvertrauen, denn der einzige Zweck dieser Bewertung der anderen besteht ja nur darin, sich selbst größer erscheinen zu lassen, indem man den anderen schlechter bewertet. Aber glauben Sie mir, der Preis, den wir dafür bezahlen, ist zu hoch. Denn dann sind wir tatsächlich allein. Diesen Luxus können und sollten wir uns nicht leisten. Denn wir müssen als Team agieren, um als Schule erfolgreich sein zu können. Wir müssen gemeinsame Wege als Schulteam gehen, an einem Strang ziehen, damit wir unsere Aufgabe als Lehrer und Erzieher wahrnehmen können. Denken Sie nur daran, was passiert, wenn Vater und Mutter in Erziehungsfragen uneinig sind. Da haben die Kinder leichtes Spiel, ihre Vorstellungen durchzusetzen.

In einer Klasse unterrichten vielleicht zehn Lehrkräfte, während der Pausen haben zwanzig oder dreißig verschiedene Lehrkräfte das Sagen. Bedenken Sie, was passiert, wenn hier jeder mit anderer Zunge spricht. Sie sehen also, es geht nur gemeinsam, sonst reiben wir uns auf. Außerdem ist es leichter, im Team Projekte, Veranstaltungen oder Aktivitäten des Schullebens zu planen und zu gestalten. Wir müssen nicht alles selbst und im Alleingang machen. Wir können uns die Arbeit teilen, jeder übernimmt Aufgaben, für die er besonders geeignet ist, gemeinsam werden Ideen entwickelt etc. Es ist eine Tatsache, dass die Energie einer Gruppe, die auf ein gemeinsames Ziel gerichtet ist, wesentlich stärker wirkt als die Summe der Einzelenergien der Mitglieder. Im Sport wird dieser Tatsache längst Rechnung getragen, Fanklubs sind davon ein äußeres Merkmal. In der Schule sollten wir die Mauern, die wir so mühsam errichten, um uns vor der Kritik der anderen zu schützen, einfach niederreißen, denn auch das Aufrichten und Erhalten der Mauern kostet unnötig Energie. Steigen wir aus dem unsinnigen Spiel der gegenseitigen Bewertung aus. Nehmen wir die Kollegen wahr, wie sie sind. Gestehen wir einander Fehler zu, anerkennen wir den anderen so, wie er ist. In einer solchen Atmosphäre können auch wir uns entfalten, können wir unsere Kreativität und Leistungsfähigkeit zum Wohle der Schule voll zum Einsatz bringen. Was wir selbst dabei gewinnen können? Freude und Wohlbefinden bei unserer Arbeit. Und wovor sollten wir uns fürchten? Am meisten vor unserem eigenen Urteil. Aber dieses können wir korrigieren. Die Schüler werden es uns danken.

- **Ich anerkenne meine Leistungen und die meiner Kollegen.**
- **Ich nehme meine Kollegen an, wie sie sind.**
- **Ich stehe zu mir, zu meiner Meinung, zu meiner Arbeit.**
- **Ich gestehe den Kollegen den Wert ihrer Arbeit zu.**
- **Ich bringe mich im Lehrerteam positiv ein.**
- **Ich übernehme Verantwortung für meine Arbeit im Team.**

- **Wir ziehen alle an einem Strang.**
- **Wir sind ein erfolgreiches Team.**
- **Gemeinsam sind wir stark.**

Kapitel 9

Die Klasse ist Ihr Spiegel!

Schauen Sie hinein. Was erkennen Sie? Lauter nette, quicklebendige, aber auch sehr unkonzentrierte und unruhige Kinder? Sie verstehen die Welt nicht mehr? Die Kinder sind heute ganz anders als früher? Da haben Sie zweifelsohne Recht. Die Zahl der Schüler, die mehr oder weniger deutliche Störungen in der Konzentration bzw. im Verhalten zeigen, ist tatsächlich drastisch gestiegen. Es wundert auch wenig, wenn man sich die Bedingungen genauer ansieht, unter denen heute Kinder aufwachsen. Es fällt schon vielen Erwachsenen schwer, in dieser Welt des Konsums, des medialen Überangebotes, des wachsenden Verkehrs und unter den wirtschaftlichen Gegebenheiten ihr Leben zu meistern oder gar erfolgreich zu sein. Wie sollte es ihren Kindern anders gehen? Denken wir auch daran, dass viele Kinder zuhause wenig Rückhalt in schulischen Belangen haben, da die Eltern sich dem Broterwerb widmen müssen. Ein Übriges trägt die Ernährungssituation wie auch die zunehmende Verschmutzung unserer Lebenswelt zum bestehenden Chaos bei.

Dennoch gibt es auch viele positive Veränderungen, die ich hier erwähnen möchte. Ich habe beispielsweise noch nie zuvor so selbstständige, eigenverantwortliche und selbstbewusste Kinder unterrichtet. Diese Schüler lassen sich viele Dinge einfach nicht mehr gefallen, die wir noch als selbstverständlich angesehen haben. Wenn ich denke, dass ich als 10-Jährige mich während eines Ferienaufenthaltes nicht getraute, allein in ein Lokal zu gehen, um mir etwas zu essen zu kaufen, dann freut es mich zu sehen, dass dies heute wahrscheinlich keinem 8-Jährigen passieren kann. Die Schüler von heute stehen der Informationstechnologie mit viel weniger Gläubigkeit gegenüber als manche Erwachsene. Computer sind für sie so selbstverständlich wie für uns Schreibmaschinen, mit dem Unterschied, dass ihnen diese Spaß machen. Sie sehen also, durchaus viel Positives. Die Frage ist nur, wie wir mit diesen Schülern als Lehrer umgehen. Tragen wir den Veränderungen der Welt auch in unserem Unterricht Rechnung? Oder glauben wir, im Unterricht haben immer nur wir Recht? Sie meinen, in der Klasse seien die Probleme eben besonders augenfällig und schwer zu bewältigen? Nun, Probleme sind doch dazu da, um gelöst zu werden. Fangen wir also an.

Zunächst bitte ich Sie, Ihre Sichtweise zu ändern. An so manchem mögen Ihre Schüler schuld sein, oder auch eine bestimmte Klassensituation. Ich kenne aber viele Lehrer, bei denen sind immer die Schüler die Bösen und immer ist eine bestimmte Klasse eben unmöglich. Punktum. Ich glaube, es gehören immer zwei dazu, wenn es in einer Beziehung nicht klappt. Auch zwischen Lehrer und Schüler bzw. Klasse. Der erste Schritt wäre daher, sich mit dieser Tatsache einmal anzufreunden und sich zu fragen, was ich ändern kann, was ich vielleicht falsch mache oder was an meinem Verhalten unpassend ist etc. Der zweite Schritt könnte sein, in die Klasse zu sehen, als wäre sie ein Spiegel. Sie haben es erraten. In einem Spiegel erkenne ich immer nur mich selbst, wenn ich gewillt bin hinzuschauen. Dazu muss ich allerdings eine große Portion Ehrlichkeit mir selbst gegenüber aufbringen. Das Schwierigste wahrscheinlich überhaupt. Vor allem dann, wenn das Spiegelbild so ganz und gar nicht meinen Vorstellungen entspricht. Wenn ich mich allerdings darauf einlasse und mich frage, was das Verhalten dieser Klasse mit mir zu tun hat bzw. warum ich mit diesem Schüler nicht auskomme, dann wird die Sache interessant und lehrreich für meine eigene Weiterentwicklung. Aus unserem Spiegelbild können wir nämlich eine Menge über uns selbst erfahren und dadurch natürlich auch lernen. Anfangs wollte ich diese Tatsache zwar auch nicht akzeptieren, aber ich ließ mich auf diese Gedankenspielerei ein und begann, mich und meine Schüler zu beobachten. Im Übrigen funktioniert das auch bei Kollegen oder Partnern, da besonders. Alles, was Sie besonders am anderen aufregt, hat quasi besonders viel mit Ihnen zu tun. Gerade diese Eigenschaft wird Ihnen gespiegelt. Sie können ja nicht damit umgehen. Viele andere stört das gar nicht! Ich frage mich daher immer, wenn ich mit einer Klasse oder einem Schüler Probleme habe, in einer stillen Stunde, was das Problem mit mir zu tun hat. Warum regt mich dieses Verhalten auf? Wo verhalte ich mich mir selbst oder anderen gegenüber so oder ähnlich? Das ist anfangs recht schwierig und unangenehm, aber glauben Sie mir, es hilft, sich selbst zu erkennen. Hier einige Möglichkeiten, wie Sie am Beginn vorgehen können.

Ich habe zum Beispiel immer dann, wenn ich das Gefühl gehabt habe, eine Klasse sei besonders unruhig, noch bevor ich etwas zur Beruhigung gesagt habe, kurz in mich hineingehorcht. Wie geht es mir, bin ich heute vielleicht nicht besonders gut drauf oder zu aufgekratzt oder nervös? Dann habe ich zunächst einmal innerlich durchgeatmet, mir gesagt, ich sei ganz ruhig, habe tief Luft geholt, und dann erst habe ich die Schüler gebeten, leiser zu sein. Das wirkt zumeist, aber ich gebe Ihnen Recht, es ist nicht so leicht. Natürlich ist es auch schon beim Betreten der Klasse wichtig hineinzuhorchen, ob die Schüler nervös sind, solange ich eigentlich recht ruhig bin. Denn natürlich funktioniert der Spiegel auch in die umgekehrte Richtung. Es ist also als Lehrer sicher auch wichtig, von vorneherein bei sich selbst zu bleiben und sich nicht anstecken zu lassen.

Dennoch glaube ich, dass die Sensibilität der Schüler, unbewusst die Befindlichkeit des Lehrers auszudrücken, immer funktioniert. Es wäre daher wirklich wichtig, dass wir erkennen, dass wir unsere eigene Stimmungslage, Nervosität, Unkonzentriertheit oder vielleicht innere Unzufriedenheit von unseren Klassen in ihrem Verhalten präsentiert bekommen. Wir haben die einmalige Gelegenheit, in diesen Spiegel zu blicken und uns zu entwickeln. Ich habe zum Beispiel schon erlebt, dass meine Unsicherheit, weil ich schlecht vorbereitet war, dazu geführt hat, dass die Klasse durch mein Verhalten immer unruhiger wurde – und ich natürlich immer gereizter. Das schaukelt sich auf. Aber bereits diese Erkenntnis verhindert, dass ich als Lehrer beginne, meine Unsicherheit an den Kindern auszulassen, indem ich mich vielleicht ständig über ihr Verhalten beschwere. Der erste Schritt ist sicherlich, sich selbst zu beruhigen, Abstand zu gewinnen, dann erst die Schüler zu beruhigen. Und im zweiten Schritt kann ich dann zuhause die Konsequenz ziehen und mich für die nächste

Stunde besser vorbereiten. Deshalb glaube ich auch, dass es immer absolut wichtig ist, stofflich gut vorbereitet zu sein, damit dieser Unruhequell ausgeschaltet wird. Eine gute Methode ist auch, überpünktlich zu sein, damit man nicht den Stress des Schulweges in die Klasse bringt. Ganz wichtig für mich ist auch immer, meine eigenen privaten Probleme und Problemchen schon vor dem Schultor quasi wie einen Rucksack abzustellen, sie nicht gedanklich in die Schule mitzunehmen.

Es hilft nicht, wenn man in der Klasse innerlich weitergrübelt, dadurch wird nichts gelöst, wozu also. Es genügt, wenn Sie den Rucksack nach der Schule wieder mitnehmen, es wird ihn sowieso keiner fortgetragen haben. Ich vergesse wirklich alles, wenn ich in die Schule, in die Klasse gehe. Manchmal gelingt es besser, manchmal schlechter, aber ich versuche, immer voll und ganz für die Schüler da zu sein. Das macht sich bezahlt und kommt zurück. Es war für mich lange Zeit sehr hilfreich und ist es eigentlich noch heute, nur geht es nicht immer. Aber in Zeiten großer innerer Unruhe ist es für mich wichtig, am Weg in die Klasse nicht mehr zu plaudern, mich nicht mehr zu zerstreuen, sondern mich zu sammeln. Es wirkt, wenn Sie so gesammelt in die Klasse kommen. In Zeiten, wo man viel um die Ohren hat, sei es schulisch oder privat, ist ein Konzentrationstraining, welcher Art auch immer, für uns Lehrer wahrscheinlich unerlässlich. Wir bekommen in der Klasse die Rechnung dessen präsentiert, was wir bereit sind, zu leisten. Ob Sie meditieren, laufen, in die Natur gehen, mit Ihrem Kind spielen oder Musik hören. Jeder muss seinen Weg der Entspannung finden, aber diese Psychohygiene ist für uns Lehrer eigentlich das tägliche Brot, von dem wir in unserer Arbeit zehren. Vernachlässigen wir dies, dann können wir es täglich in unserem Spiegel erkennen. Nützen Sie daher Ihre freien Nachmittage wirklich zum Auslüften des Geistes, zur Entspannung, zur Reflexion und vermeiden Sie übermäßigen Stress in dieser Zeit. Das ist ein wichtiger Teil unserer Vorbereitungsarbeit. Nützen Sie auch die Fortbildungsangebote mit den vielen Seminaren zur Persönlichkeitsbildung. Wenn Sie große Probleme im Unterricht haben, scheuen Sie sich nicht, professionelle Hilfe in Anspruch zu nehmen. Es wird eine Zeit kommen, da wird man es als selbstverständlich erachten, Lehrern diese professionelle Betreuung zu geben. Supervision und andere psychohygienische Maßnahmen werden in unserer Arbeit immer wichtiger, die Verantwortung dafür tragen wir selbst. Diesen Teil unserer Arbeit sieht man nicht, aber man spürt den Unterschied. Sie steigern damit die Qualität Ihres Unterrichts und der Beziehung, die Sie zu Ihren Schülern und Kollegen aufbauen können.

- **Ich erkenne, meine Klasse ist mein Spiegel, ich lerne daraus.**
- **Bin ICH unruhig/unkonzentriert/........./ ....?**
- **Was hat das Verhalten meiner Klasse mit mir zu tun?**
- **Wie reagiere ich in dieser Situation?**
- **Wie kann ich mein Verhalten verändern?**

- **Was kann ich zur Lösung des Problems beitragen?**
- **Ich ändere mein Verhalten in dieser Situation.**
- **Ich verhalte mich in jeder Situation richtig.**
- **Ich bin in jeder Situation ruhig und gelassen.**
- **Ich vertraue auf meine Intuition.**

Kapitel 10

Es darf gelacht werden!

In unserer Kultur gibt es meiner Meinung nach einen grundsätzlichen Denkfehler, der uns das Leben unnötig erschwert. Es ist die irrige Ansicht, dass Arbeit anstrengend sein muss. Immer wieder hört man, dass Lernen eben oftmals kein Honiglecken sein kann, dass es „ohne Fleiß keinen Preis gebe“ und Ähnliches mehr. Manchmal neige ich dazu, Schiller ein wenig Verantwortung zuschreiben zu müssen, weil er schrieb, was deutsche und österreichische Schüler lange Zeit auswendig hersagen mussten, nämlich „von der Stirne heiß, rinnen muss der Schweiß“. Seien Sie ehrlich. Wem, dem es leicht fällt, Erfolg zu haben, wird dieser auch gegönnt? Da schon eher demjenigen, der sich diesen in harter, entbehrungsreicher und mühevoller Arbeit erworben hat. So denken viele von uns Lehrern auch in der Schule immer noch, dass hier tatsächlich der Ernst des Lebens zuhause sein müsse. Aber mit diesem Irrglauben machen wir nicht nur den Schülern, sondern auch uns selbst das Leben schwer. Denn es arbeitet und lernt sich wesentlich leichter, wenn man auch Spaß an der Sache hat.

Denken Sie doch einmal daran, wie kleine Kinder lernen. Sie lernen schwierigste Dinge wie Krabbeln, Gehen, Sprechen, Basteln, Zeichnen und vieles mehr. Aber sie lernen das alles spielerisch, indem sie neugierig sind, Spaß daran haben, die Welt zu entdecken und zu erobern. Natürlich ist das oft anstrengend, aber das Kleinkind lernt nicht, weil es Anstrengung empfindet, sondern aus Freude am Neuen. Was aber tun wir in der Schule? Wir verordnen Ruhe, Ernst, Sorgfalt, Genauigkeit, Ausdauer und anderes – alles wichtige Dinge beim Lernen. Aber wir vergessen dabei auf die wichtigste Triebfeder beim Lernen: auf die Neugier, den Spaß an der Sache, das Spiel und auf den Humor.

In einem früheren Kapitel habe ich Sie zur Begeisterung aufgerufen. Jetzt bitte ich Sie, haben Sie Humor, nehmen Sie den Unterricht und alles, was darin geschieht, nicht gar so bitterernst. Vor allem glauben Sie nicht, ohne Ihr Fach und ohne dieses oder jenes Stoffgebiet ginge es nicht. Es geht, glauben Sie mir. Ich weiß, wovon ich spreche. Ich erinnere mich nur zu gut, dass ich meine Schüler in den ersten Jahren meiner Tätigkeit mit deutscher Grammatik gequält habe. Bei einer 20-Jahr-Feier meiner ehemaligen Schule traf ich einige meiner damaligen Schüler wieder, die mir vom Plusquamperfekt erzählten, auf das ich so viel Wert gelegt hatte. Zuerst meinte ich, ich müsste im Erdboden versinken, dann musste ich lauthals über mich selbst lachen und meinen ehemaligen Schülern erzählen, dass ich heute fast zur Gänze auf Grammatik verzichte. Ich kann Ihnen sagen, mein Deutschunterricht hat durch diese Tatsache sicherlich wesentlich gewonnen. Ich hoffe, meine jetzigen Schüler nehmen andere ebenso einprägsame Erinnerungen an meinen Unterricht mit. Jedenfalls bemühe ich mich heute um einen lebhaften, ansprechenden und hoffentlich anregenderen Unterricht. Dazu ist sicherlich eine gewisse innere Gelassenheit notwendig, einfach das Wissen, dass sich die Welt eben auch ohne Vorvergangenheit weiterdreht und die Schüler von heute in der Zukunft andere Fähigkeiten brauchen werden. Ein weiterer Fehler damals lag in meiner Verbissenheit, mit der ich doch tatsächlich daran glaubte, ich müsste das meinen Schülern alles wirklich beibringen. Das hat sicherlich nicht zu meiner Beliebtheit beigetragen, und es hat vor allem mir selbst wenig Freude bereitet. Irgendwann einmal ging ich besonders gut gelaunt durch die Innere Stadt in Wien. Dabei traf sich mein Blick mit dem einer fremden Frau, die gerade die Straße überquerte. Da lächelte diese mich plötzlich auf das Freundlichste an. Ich fragte mich sogleich, ob ich sie kennen sollte. Doch es wollte mir niemand Bekannter einfallen. Und sie war auch schon wieder weg. Ich war erstaunt und grübelte noch einige Zeit weiter. Da wurde mir bewusst, dass ich die ganze Zeit in meiner Fröhlichkeit vor mich hin gelächelt hatte. Ich hatte so sehr gelächelt, dass mich eine wildfremde Person ohne Grund auch anlächelte. Das gab mir zu denken. Seither setze ich jeden Morgen, wenn ich die Stufen zum Schultor hinaufgehe, mein freundlichstes Lächeln auf. Ich grüße jeden freundlich, dem ich begegne, natürlich auch meine Schüler, besonders die, die vielleicht noch recht verschlafen und mürrisch dreinschauen. Es ist die beste Methode, angenehme Stimmung zu erzeugen.

Als ich voriges Jahr eine Woche in Amerika zubrachte, war ich fasziniert von der Freundlichkeit, die einem allerorten entgegengebracht wird. Ich habe dort niemanden getroffen, der unfreundlich war. Selbst sichtlich minderbezahlte Arbeitnehmer legten eine solche Freundlichkeit an den Tag, dass sie nicht aufgesetzt sein konnte. Eigentlich wundert es mich, dass diese Tatsache nicht längst als Trend von Amerika zu uns gebracht wurde. Eigentlich schade. Denn selbst wenn ich nicht in Laune bin, zwinge ich mich zu einem zugegeben etwas gequälten Lächeln. Denn auch das hilft, mich selbst wieder aufzumuntern. Indem ich so tue, als ob ich fröhlich wäre, entspanne ich meine Gesichtsmuskeln und werde tatsächlich fröhlicher. Auf meinem täglichen Schulweg komme ich an einem Zeitungskolporteur vorbei, der mir jeden Morgen ein Lehrbeispiel für Freundlichkeit und Engagement gibt. Mit einem breiten fröhlichen Lächeln und seinem südländischen Temperament stürmt er von einem Wagen zum nächsten, dass man meint, er verkaufe die Zeitungen, um einen Wettbewerb zu gewinnen. Von ihm lerne ich Tag für Tag, wie ich es machen kann. Und ich gebe zu, ich kaufe die Zeitung nur wegen seines Lächelns.

In der Klasse kann ein Lächeln wahre Wunder wirken. Es kann Geborgenheit vermitteln, aufmunternd, beruhigend oder entschuldigend sein, egal, es wirkt sich immer positiv aus. Es verhindert, dass Sie schimpfen. Es wirkt ganz einfach entspannend – auf Sie und auf Ihre Schüler. Und es gibt Raum für Humor. Niemand kann alles im Leben ernst nehmen, wer lachen kann, besonders auch über sich selbst, oder zumindest lächeln, der hat schon gewonnen. Wenn Sie es nicht glauben, dann probieren Sie es einfach mal aus. Die Wirkung wird auch Sie überzeugen. Sie profitieren nämlich in mehrfacher Hinsicht. Sie haben selbst mehr Spaß an Ihrer Arbeit, Sie bereiten anderen Freude – und Sie werden schön dabei. Gehen Sie doch einmal mit offenen Augen durch die Straßen und betrachten Sie die Gesichter der Passanten. All die verbitterten und verkniffenen, ernsten oder traurigen, nachdenklichen und grübelnden Gesichter. Wie angenehm wirkt ein fröhliches, lächelndes, entspanntes Gesicht dagegen. Sie können Ihre Schüler zu Verbündeten und Freunden machen, wenn Sie ihnen ein Lächeln schenken. Sie werden es dutzendfach zurückbekommen.

Daher mein Tipp: Bitte lächeln, auch ohne Kamera!

- **Ich bin gelassen und ruhig.**
- **Ich freue mich, meine Schüler zu sehen.**
- **Ich freue mich zu leben.**
- **Ich bin heiter und gelassen.**
- **Ich schenke mir, meinen Kollegen und Schülern ein Lächeln.**
- **Ich bin fröhlich.**
- **Ich bin freundlich und lächle.**

Kapitel 11

Wer bin ich und wer bist du?

Erinnern Sie sich mit mir zurück an Ihre eigene Schulzeit. Hatten Sie auch das Gefühl, eine Nummer im schulischen Getriebe zu sein, von der man verlangte, dass sie möglichst gut funktioniere? Das hieß, dass man den Stoff, der einem im wahrsten Sinne des Wortes eingetrichtert wurde, möglichst exakt und zum gewünschten Zeitpunkt wieder auszuspucken hatte. Wie es einem als Person dabei ging, wurde nicht wahrgenommen oder geflissentlich übersehen. Wie man acht Jahre einer derartigen Behandlung aushalten kann? Nun, man überlebt, mit Schrammen, versteht sich – und man lernt, wie man als Lehrer möglichst nicht sein sollte.

Vielleicht ist es wirklich meine eigene Schulzeit gewesen, die mich derartig geprägt hat, dass es mein Bestreben ist, Schüler als Personen wahrzunehmen, in ihnen den Menschen zu sehen und diesem bei seiner Entwicklung zu helfen. Was hilft nun im täglichen Umgang, diesen Weg zu gehen, wie kann man seinen Schülern die notwendige Anerkennung geben, ihnen zeigen, dass man sich für sie interessiert? Natürlich nicht nur als Masche, sondern tatsächlich und ernst gemeint. Ein erster wichtiger Schritt in diese Richtung ist meiner Meinung nach, die Namen der Schüler wahrzunehmen, möglichst schnell zu lernen und sich zu merken. Das hat mehrere Vorteile. Einerseits gibt es dem Schüler die wichtige Information, dass er als Person wahrgenommen wird. Das stimmt schon einmal versöhnlich, öffnet die Herzen. Denn jeder Mensch braucht Anerkennung, denken Sie einige Kapitel zurück. Andererseits sind Sie auch stets in der Lage, auf ein Verhalten des Schülers zu reagieren, indem Sie ihn namentlich ansprechen. Damit können Sie in positiver oder auch in mahnender Hinsicht sofort ins Schwarze treffen. Streuladungen wie „Seid doch endlich leiser" zielen zu ungenau, die Folge: Niemand fühlt sich betroffen.

Die Wichtigkeit des Namens für einen Menschen kann gar nicht genug betont werden. Denken Sie nur daran, wie beleidigt oft Menschen reagieren, deren Namen falsch ausgesprochen wird. Überlegen Sie, wie engagiert die Debatte über die Änderung des Namensrechtes in Österreich geführt wurde. Jeder, der gedacht hätte, es handle sich hier nur um eine Formsache, wurde eines Besseren belehrt. Das Namensrecht ist natürlich Ausdruck der gesellschaftspolitischen Situation, in der wir leben. So gesehen wurde an archaischen Strukturen des Patriarchats gerüttelt, indem Doppelnamen, der Nachname der Frau als Familienname, die Frage der Namensgebung für gemeinsame Kinder neu geregelt wurden. Dass wir heute ein liberaleres Namensrecht haben, spiegelt die liberaleren Lebensumstände wieder, in denen viele Lebensentwürfe gesellschaftlich anerkannt werden. Kein Wunder also, dass der Name ein wichtiger Faktor jeder Person ist. Die Frage beispielsweise, ob Sie bei Ihrer Heirat den Namen Ihrer Familie, den Sie bisher getragen haben, völlig ablegen oder den neuen Namen lediglich dazuhängen, vermag Ausdruck Ihres gesamten Selbstverständnisses zu sein. Denken Sie auch an die Vornamen. Von klein auf identifizieren Sie sich mit diesem Namen, reagieren auf ihn, feiern den Namenstag, haben einen Namenspatron.

Auch Vertraulichkeiten können sich durch Namen ausdrücken. Nicht jedermann gestatten Sie möglicherweise, Sie mit Spitznamen zu belegen. Bei dem einen fühlen Sie sich geschmeichelt, beim anderen vermuten Sie dahinter böse Absicht. Wie viel kann über Namen an Information transportiert werden! Ich selbst habe einige positive und negative Erfahrungen mit meinen eigenen Namen gemacht. Ich habe daraus auch meine Lektion für den Lehrberuf gelernt. Da war zunächst die Volksschulzeit. Man kam in die Schule, bekam zunächst ein Kärtchen mit einem Zeichen, denn man konnte ja noch nicht lesen, und man wurde natürlich nach seinem Namen gefragt. Nun hatte ich das Pech, das ich damals noch nicht als solches erkannt hatte, dass ich einen langen, eher unmodernen Vornamen hatte. Ich benützte ihn in diesem Alter praktisch nicht, denn zuhause hatte ich von Beginn an einen privaten Vornamen, der sehr leicht auszusprechen war. Nun aber, in der Amtlichkeit der Schule, war mein Taufname mein Aushängeschild. Ich erinnere mich noch genau, dass ich auf die Frage, wie ich denn heiße, diesen Namen nannte und nicht den zuhause üblichen. War es Schüchternheit oder der Wunsch, mich nicht gleich zu offenbaren, ich weiß es nicht. Jedenfalls weiß ich, dass mich die Reaktion meiner Lehrkraft vernichtet hat. Als Sie nämlich meinen Namen Margarethe hörte, meinte Sie nur kurzerhand, dass Sie mich dann also Grete rufen würde. Aus. Punkt. Mir verschlug es die Sprache. Als ich den Mund wieder zu hatte, hatte ich einen neuen Namen bekommen. Wissen

Sie, wie das ist? Ich war mit meinen 6 Jahren an einem meiner ersten Schultage natürlich nicht in der Lage, irgendeinen Einwand zu äußern. Aber mir hing dieser Name, den ich heute noch nicht leiden kann, nach, bis ich die Matura gemacht hatte. Er hat im Grunde auch etwas Gutes gebracht, er half mir von Anfang an, Schule und Privatleben strikt zu trennen. Zuhause war ich eine andere als in der Schule, der Name half, das bewusst zu erleben. Aber wie viel Missachtung steckt doch eigentlich in der Gedankenlosigkeit dieser Lehrerin! Hätte Sie nicht auch fragen können, wie ich denn zuhause gerufen werde oder wie ich gerufen werden wollte? Ich erinnere mich auch, dass wir einen Peter 1 und einen Peter O hatten. Klingt das nicht lieb- und fantasielos? Würden diese Kinder zuhause auch so gerufen werden?

Ich glaube also, dass es wichtig ist, sorgsam mit den Namen der Schüler umzugehen, sie zu respektieren, sie nicht zu verkürzen oder zu verändern, ohne das Einverständnis des Schülers eingeholt zu haben. Ich frage immer, wenn ich einen Namen abkürzen möchte, ob es dem Schüler recht ist, wenn ich ihn so nenne. Aber Sie wissen ja: Gebrannte Kinder scheuen das Feuer. Meine nächste Geschichte ist noch eine Spur trauriger. Ich kam ins Gymnasium. Dorthin trugen zu meinem Leidwesen den ungeliebten Namen die Mitschüler aus der Volksschule. Ich hatte keine Chance, dem zu entgehen und fand mich damit ab. Jedoch bemerkte ich bald, dass dies nur für den Umgang mit meinen Mitschülern galt. Die Lehrkräfte benannten uns nur noch mit dem Nachnamen. Ganz wenige unterzogen sich der Mühe, auch unsere Vornamen zu kennen und zu verwenden. Das klang schon recht eigenartig, aber in acht Jahren gewöhnte man sich auch daran, akzeptieren konnte ich diese Tatsache nie. Welchen Sinn hatte es, Schüler, mit denen man tagtäglich zu tun hatte, lediglich mit dem Familiennamen anzusprechen? Ich konnte einige Gründe erkennen. Es war einerseits sicherlich Gedankenlosigkeit, Bequemlichkeit, aber andererseits auch ein Mittel, sich die Bande vom Leibe zu halten, Nähe zu vermeiden bzw. Strenge auszudrücken. Auch Missachtung lässt sich leichter über den Nachnamen formulieren. Alles in allem keine guten Gründe, denn Lehrer sollten doch ein Vertrauensverhältnis aufbauen, um Lernen erst zu ermöglichen. So denke ich, dass Schüler ein Recht darauf haben, als Gesamtpersönlichkeit geachtet zu werden, was sich sehr gut durch die Art der Anrede ausdrücken lässt. Wollen wir also unseren Schülern ein wenig näher kommen, sollten wir sie bei dem Vornamen nennen, den sie für sich wünschen.

Ich hatte vor einigen Jahren eine Schülerin, die mir am ersten Schultag einen Vornamen angab, der nicht mit dem im Schülerbeschreibungsbogen übereinstimmte. Ich nannte sie eingedenk meiner eigenen Namensgeschichte immer nur bei diesem Namen, den sie mir genannt hatte. Ich fragte sie auch nie nach ihren Gründen. Viele Jahre später erfuhr ich bei einem Gespräch mit ihrer Mutter, dass dies der Name war, mit dem sie ihr verstorbener Vater angesprochen hatte. Sie können sich sicherlich vorstellen, was dieser Name dem Kind bedeutete. Noch heute bin ich Gott dankbar, dass ich ihn übernommen habe, ohne zu fragen. Und ich weiß, dass von Anfang an eine Vertrauensbasis mit dieser Schülerin bestand. Was Namen alles bewirken können!

Einige Grundgedanken können auch Ihnen helfen, sensibel mit den Namen Ihrer Schüler umzugehen und Ihr Interesse für deren Persönlichkeit auszudrücken.

- **Ich interessiere mich für die Namen meiner Schüler.**
- **Ich lerne sofort die Namen meiner neuen Schüler.**
- **Ich fertige mit meinen Schülern Namenskärtchen an.**
- **Ich frage meine Schüler, wie sie gerufen werden wollen.**
- **Ich merke mir die Namen meiner Schüler möglichst schnell.**
- **Ich sage von vornherein, dass ich z. B. nur eine Liste verlese, wenn ich in dieser Situation die Familiennamen verwende.**
- **Ich verwende möglichst immer die Vornamen bzw. den gewünschten Namen.**
- **Ich spreche immer wieder einzelne Schüler namentlich an.**

Kapitel 12

Hilfe, ein Rucksack!

Manchmal hatte ich in meiner Laufbahn als Lehrer das Gefühl, ich müsste alles können. Ich dachte, ich müsste jeden Schüler in meine Klasse integrieren können, wenn ich mich nur bemühte. Das hing natürlich stark mit dem Wunsch zusammen, ein so genannter guter Lehrer sein zu wollen – obwohl niemand wirklich definieren kann, was denn einen guten Lehrer wirklich ausmacht. Besonders meine Art, die Fehler zuallererst bei mir selbst zu suchen, verleitete mich zu der Annahme, ich könnte auch für alles in meinem Unterricht verantwortlich sein. Nun sind wir als Lehrer tatsächlich für vieles in unserem Unterricht verantwortlich, wie Sie aus den vorigen Kapiteln herauslesen können, aber nicht für alles. Es gilt auch zu erkennen, wo die Grenzen des eigenen Handelns liegen. Ich selbst habe für diese Erkenntnis viele Jahre und einige Enttäuschungen mit Schülern gebraucht. Heute weiß ich, dass ich guten Gewissens alles tue, um mit Schülern auszukommen, sie etwas zu lehren, mit ihnen in Beziehung zu treten, sie zu integrieren und vieles mehr. Daher kann ich auch dann, wenn ich bemerke, dass alle meine Bemühungen nichts nützen, ruhigen Gewissens sagen: Bis hierher und nicht weiter. Hier muss ich andere Hilfen in Anspruch nehmen. Hier muss ich mit anderen Lehrern, mit der Schulleitung, mit den Eltern Kontakt aufnehmen. Hier muss ich einen

Beratungslehrer anfordern, vielleicht auch die Jugendwohlfahrt einschalten oder ein sonderpädagogisches Gutachten verlangen. Wie auch immer die Lösungen im konkreten Fall aussehen mögen, eines ist immer zu beachten: Wann immer Sie die Grenzen Ihrer Handlungsfähigkeit erreicht haben, indem Sie ihre Arbeit vorher ehrlich reflektiert, oft auch korrigiert haben, dann müssen Sie möglichst sofort Hilfe suchen. Denn es gibt Faktoren, die Ihren Unterricht beeinflussen, die außerhalb Ihres Handlungsrahmens liegen. Sie können kein zerrüttetes Elternhaus ersetzen, einen prügelnden trinkenden Vater nicht ungeschehen machen, eine ungewollte Schwangerschaft nicht gewollt machen, Fehler bei der Kleinkinderziehung nicht wieder gut machen – so sehr Sie sich auch bemühen, das werden Sie nicht schaffen. Oft sind Sie mit Familien konfrontiert, die einen durchaus intakten Eindruck machen und mit Eltern, die Ihnen zu verstehen geben, „bei uns ist doch alles in Ordnung“. Die Ihnen vermitteln, der Fehler für das Versagen oder das Verhalten ihres Kindes müsse in der Schule zu suchen sein. In solchen Fällen ist man geneigt, tatsächlich lange Zeit den Fehler im eigenen Haus zu suchen. Hier gilt es dennoch Abstand zu wahren und möglichst schnell zu erkennen, wo das eigentliche Problem liegt. Manchmal wird es gar nicht gelingen, einer Sache auf den Grund zu gehen. Zu groß sind und zu tief liegen manche Verletzungen unserer Schüler. In diesen Fällen musste ich lernen, Respekt vor der Geschichte jedes einzelnen Kindes zu haben. Die Rucksäcke mit Problemen, mit denen gar nicht so wenige unserer Schüler in die Schule kommen, sind oft gut geschnürt. Nur manchmal gelingt es uns, einem Kind zu helfen, diesen Rucksack zu öffnen, einiges daraus loszuwerden und unbeschwerter weiterzugehen. Das sind dann die so genannten Sternstunden der Pädagogik, in denen man sich freut, diesen Beruf ergriffen zu haben.

Aber bedenken Sie, niemand kann diesen Rucksack öffnen, ohne es selbst zu wollen und oft auch nicht ohne die entsprechende Hilfe und Begleitung. Hier muss man mit großem Feingefühl und mit viel Achtung vor dem Kind und seiner Geschichte vorgehen und auch akzeptieren, wenn manche Rucksäcke gut verschnürt ins Leben mitgenommen werden wollen. Nicht immer führt so ein Rucksack zwangsläufig zu Schulproblemen. Wenn doch, dann nehmen Sie zuallererst mit den Erziehungsberechtigten Kontakt auf. Wenn Sie merken, dass diese selbst überfordert sind, scheuen Sie sich nicht, die Stellen einzuschalten, die diesem Schüler vielleicht doch noch helfen können. Einen wesentlichen Beitrag können zum Beispiel Klassenvorstände oder Schulleitung leisten, wenn es diesen gelingt, eine Vertrauensbasis aufzubauen. Beratungssituationen brauchen viel Zeit, Einfühlungsvermögen und Aufmerksamkeit, um erfolgreich zu sein und zu einer der Situation angepassten Lösung zu führen. Auch wenn es viele nicht glauben wollen, manchmal ist ein Klassen- oder Schulwechsel, eine individuelle Betreuung in einer Kleingruppe, eine Einschulung in die Sonderschule oder auch die Betreuung durch die Jugendwohlfahrt eine wichtige Wende im Leben eines Schülers, der ja mit den Schwierigkeiten, die er verursacht, nur eines sagen will: Helft mir, ich habe Probleme, mein Rucksack ist zu schwer. Denn da die Probleme in den meisten so gelagerten Fällen im Elternhaus liegen, ist die Sache natürlich weit schwieriger, als man gemeinhin denkt. Denn eigentlich müsste in diesem Fall dort einiges geändert werden. Und hier endet zumeist auch Ihr Einfluss. Nehmen Sie zur Kenntnis, dass Sie Eltern beraten können, Ihnen ins Gewissen reden können, dass Sie aber dort nichts wirklich ändern können. Daher ist es hilfreich, in solchen Fällen die Kompetenz an andere Institutionen abzugeben, die vielleicht mehr für den Schüler tun können als Sie.

Ich habe bei Problemfällen unterschiedlichster Art die Erfahrung gemacht, dass es in solchen Situationen wichtig ist, das Problem nicht alleine lösen zu wollen. Ein erster Schritt kann ein pädagogisches Tagebuch sein, in dem Sie Notizen festhalten. Das Schreiben erzeugt Distanz und hilft auch als Grundlage für Gespräche mit Schulleiter oder Kollegen. Eine professionelle Kommunikation im Lehrerteam ist für solche Fälle von eminent wichtiger Bedeutung. Ich habe einen Lehrkörper erlebt, der wegen einer Klasse mit einigen wenigen besonders verhaltensauffälligen Schülern zu einem Team zusammengewachsen ist. Weil jeder erkannt hat, dass er mit seinen Problemen nicht alleine ist. Dass es immer wieder die gleichen Schüler sind, die auch andere Lehrkräfte an den Rand ihrer pädagogischen Kräfte bringen. Und es gab eine neue pädagogische Tendenz: Lehrkräfte stellten sich in ihren Freistunden zur Verfügung, um Schüler einzeln zu betreuen oder um im Teamteaching zu unterrichten – je nach Bedarf und Situation. Dabei wurde ein wichtiger Effekt erreicht. Die Klassensituation wurde entspannt und einzelne Schüler erhielten die Betreuung, die sie so dringend einforderten. Das ging nur deshalb, weil alle Lehrer ihre Grenzen erkannten, sich Kollegen gegenüber öffneten und gemeinsam Lösungen gesucht wurden. Hätte jeder Einzelne weiterhin versucht, allein in seinem Unterricht die Probleme zu bewältigen – es hätte jeder einzelne Schiffbruch erlitten. So kam es zu einem ganzen Bündel an Maßnahmen, die alle aufzuzählen den Rahmen sprengen würde, die jedoch im Verein bewirkten, dass die Probleme in der Klasse gemeinsam bewältigt wurden. Es wurden andere Personen und Institutionen eingeschaltet. Es wurden neue Wege der Zusammenarbeit und der pädagogischen Weiterbildung begangen, die später selbstverständlich wurden. Die Situation zeigte so manchen Lehrern ihre Grenzen und Schwächen auf, aber es wurden auch den Schülern Grenzen ihres Handelns deutlich gemacht. In diesem Zusammenhang kann ich Ihnen nur raten: Wehret den Anfängen! Sobald Sie erkannt haben, dass Sie in einer Situation überfordert sind, suchen Sie die Zusammenarbeit mit anderen. Wenn Sie mit dem Problem wirklich allein auf weiter Flur sind, sollten Sie den Fehler bei sich selbst und Unterstützung suchen. Vielleicht aber sind Sie in guter Gesellschaft. Dann wird es Zeit, gemeinsam zu handeln, bevor es zu spät ist und schlechtes Beispiel Schule gemacht hat.

Für den Umgang mit schwierigen Situationen ist schrittweises Vorgehen sinnvoll.

Zunächst die Frage an sich selbst: Was hat die Situation mit mir zu tun? Dann die Frage an Kollegen: Wie geht es dir mit diesem Schüler, in dieser Klasse, in dieser Situation? Die pädagogische Instanz der Schulleitung sollte immer auch als Hilfe zurate gezogen werden. Die gesamte Bandbreite an pädagogischen Möglichkeiten sollte ausgeschöpft werden. Und vergessen Sie dabei nicht auf die Erziehungsberechtigten. Eine Vertrauensbasis zum Elternhaus hat oftmals Wunder gewirkt.

Sollte ein Problem mit einem Schüler die Grenzen Ihrer Handlungsfähigkeit sprengen, dann helfen folgende Leitsätze, damit umzugehen und dies zu akzeptieren.

- **Ich erkenne die Grenzen meiner Arbeit und akzeptiere sie.**
- **Ich spreche mit Kollegen über Problemfälle.**
- **Ich nehme Hilfe an – von Kollegen, vom Schulleiter oder anderen.**
- **Gemeinsam bewirken wir viel.**
- **Ich lasse los.**
- **Ich akzeptiere, dass für manche Probleme andere zuständig sind.**

Auch Lehrer brauchen Liebe

Hilde Schirg-Posset

Hilde Schirg-Posset, eine erfahrene Pädagogin, gibt uns in ihrem Buch Einblicke in ihr bewegtes und spannendes Lehrerleben. Sie, die sowohl an Pflichtschulen, an höheren Schulen als auch an einer amerikanischen Elite-Hochschule unterrichtet hat, bringt uns in ihrem Erfahrungsbericht die wesentlichen Stationen ihres Lebensweges auf lebendige Weise näher. Sie findet es bedrückend, dass heute begabte und engagierte Lehrer verzweifeln und den Beruf, den schönsten Beruf überhaupt, wechseln wollen, und will mit ihrem Buch etwas dagegen tun, indem sie zeigt, wie mit Liebe zu den Jugendlichen auch schwierige Situationen gemeistert werden können.

ISBN 3-900693-08-0 · Format 13,5 x 21,5 cm · 180 Seiten · € 18,90

novum
VERLAG

Steuerrecht des Lebens

H. B. Flöttmann

Die Beliebigkeit kultureller Werte führt zu einer verstärkten Unsicherheit der Menschen. Steuerlos treiben viele Menschen dahin. Die innere und äußere Verwahrlosung wächst, der Ruf nach dem allumsorgenden Staat wird lauter. Wo sind die Richtlinien, die Werte, die Ideale, welche den verunsicherten Menschen Halt und Richtung geben? Aus der Sicht eines erfahrenen Psychiaters bezieht der Autor Stellung zur Treue, zur Sexualität, Infantilität und zu aktuellen Zeitthemen wie: „Der Kinderwunsch lebt" oder zur Rolle von Mann und Frau. Zahlreiche Fallbeispiele und Fakten untermauern seine Thesen.

ISBN 3-902514-53-1 · Format 13,5 x 21,5 cm · 328 Seiten · € 17,90

novum VERLAG

novum
VERLAG